Christine Schirrmacher,
Thomas Schirrmacher

Unterdrückte Frauen

Gewalt – Ausbeutung – Armut

Christine Schirrmacher,
Thomas Schirrmacher

Unterdrückte Frauen

Gewalt – Ausbeutung – Armut

SCM Hänssler

SCM

Stiftung Christliche Medien

FSC
www.fsc.org
MIX
Papier aus verantwortungsvollen Quellen
FSC® C006701

SCM Hänssler im SCM-Verlag GmbH & Co. KG · 71088 Holzgerlingen
Internet: www.scm-haenssler.de · E-Mail: info@scm-haenssler.de

Umschlaggestaltung: Jens Vogelsang, Aachen
Titelbild: istock.com
Satz: typoscript GmbH, Walddorfhäslach
Druck und Bindung: CPI – Ebner & Spiegel, Ulm
Gedruckt in Deutschland
ISBN 978-3-7751-5480-2
Bestell-Nr. 395.480

Inhalt

Kurz und bündig ...

Geht es Ihnen nicht auch so? Über manch einen Themenbereich würde man gerne als Normalbürger Bescheid wissen (oder muss es vielleicht sogar). Doch was die Fachleute schreiben, ist im Normalfall zu kompliziert und zu umfangreich. Wer hat schon Zeit, sich in jedes Thema wochenlang einzuarbeiten!?

Hier wollen wir Hilfestellung leisten. In *Hänssler kurz und bündig* geben Fachleute, die sich mit einem Thema schon seit Jahren intensiv beschäftigen, kurz und verständlich einen Überblick über das, was man wissen muss, wenn man Bescheid wissen will und mitreden können möchte.

Dabei enthält jeder Band der Reihe *Hänssler kurz und bündig* die folgenden Elemente:

- Fakten und Basisinformationen
- die Diskussion kontroverser Fragen
- praktische Hilfen und Hinweise zum Weiterarbeiten

All das ist so angelegt, dass der Leser sich in zwei bis drei Stunden (also etwa statt des Abendkrimis oder auf einer Zugfahrt) ein Thema in seinen Grundlagen aneignen kann. Die Anwendung im Leben oder das anschließende Gespräch mit anderen wird dann aber sicher etwas länger dauern ...

Ich würde mir wünschen, dass dieser kleine Band Ihren Horizont erweitern kann und die Informationen liefert, die Sie suchen.

Thomas Schirrmacher

I. Gewalt gegen Frauen: ein hochaktuelles Problem

1. Das Ziel dieses Buches

Wer heute in unseren Breitengraden Gleichberechtigung leben will, kann dies in einer Form tun, wie sie nur wenigen Menschen auf der Erde vergönnt ist. Unsere westlichen Länder besitzen Gesetze, Bildungsmöglichkeiten und genug Wohlstand, um Gleichberechtigung Wirklichkeit werden zu lassen.

Diese Gleichberechtigung haben wir Generationen vor uns zu verdanken, ebenso wie allen in unserer Gesellschaft, die sich für Frauen und ihre Rechte stark gemacht haben. Allen voran muss der Dank mutigen Frauen gelten, wie etwa unserer Vorfahrin Käthe Schirmacher oder Bertha von Suttner, die einem großen Platz im Bonner Stadtzentrum den Namen gab.

Aus dieser privilegierten Position heraus sollen die unterdrückten Frauen dieser Welt in den Mittelpunkt gerückt werden. Dabei konzentriert sich *Hänssler kurz und bündig* auf Fakten. Es geht weder darum, politische oder ideologische Lager zu fördern oder zu bremsen, noch darum, einen Beitrag zu innerfeministischen Diskussionen zu leisten, und schon gar nicht darum, zu beurteilen, ob nicht bald genug getan sei, denn dies geht ohnehin an der Realität der meisten Länder der Erde vorbei.

Dessen ungeachtet sollten alle Menschen guten Willens gegen Menschenrechtsverletzungen gemeinsam vorgehen, denn weltanschauliche, ja ideologische Diskussionen über die Unterdrückung von Frauen dürfen nicht den Einsatz gegen die genannten Missstände ausbremsen oder gar ersetzen.

Das dritte Kapitel geht kurz darauf ein, dass es nicht nur Gewalt leidende, sondern auch gewalttätige Frauen gibt, und wie die oft einseitigen Statistiken zu bewerten sind. Wem das zur Einschätzung der hier verwendeten Zahlen und Fakten wichtig ist, sollte diesen Abschnitt vorab lesen.

Dieses Buch will die Benachteiligung und Unterdrückung von Frauen weltweit darstellen und faktenbasiert alle Menschen aufrütteln. In zwei Stunden lassen sich nicht auch noch Lösungskonzepte diskutieren oder die vielgestaltige Ursachenforschung referieren. Dennoch hoffen wir, dass sich genügend Leserinnen und Leser finden, die aufgrund der bedrückenden Faktenlage und der beschriebenen himmelschreienden Ungerechtigkeiten aktiv werden, in der Politik, in Menschenrechtsorganisationen, in Entwicklungshilfe oder wo immer sie Einfluss haben oder suchen.

2. Gewalt gegen Frauen

Warum sollen wir uns überhaupt damit beschäftigen? Ist es nicht ohnehin klar, dass es sich um Unrecht handelt, das durch nichts zu rechtfertigen ist? Das gilt vielleicht für die Theorie, aber in der Praxis ist Gewalt gegen Frauen allgegenwärtig, und zwar nicht nur im fernen Afghanistan, sondern mitten unter uns. Und sie findet nicht nur im Privaten oder Geheimen statt, sondern ist in vielen Regionen der Erde nach wie vor Teil des Alltags und der Gesellschaftsstruktur, des Rechtssystems, der Verteilung von Macht und Ressourcen und hat sich vor allem in den Köpfen vieler Menschen als berechtigt oder verständlich festgesetzt.

Gewalt gegen Frauen ist eine der häufigsten Menschenrechtsverletzungen, die es weltweit gibt. Hinzu kommen viele scheinbar gewaltlose Formen der Unterdrückung von Frauen.

Werfen wir einen Blick in die Berichterstattung der letzten Monate. »Das Schicksal einer jungen Inderin erschüttert seit Wochen die Welt. Die 23-jährige Studentin wurde am 16. Dezember [2012] in Neu-Delhi von sechs Männern vergewaltigt, mit einer Eisenstange traktiert und dann aus einem fahrenden Bus geworfen. Sie wurde so schwer verletzt, dass sie zwei Wochen später starb. ›Es passiert ständig, dass eine Frau vergewaltigt wird – und an ihren Verletzungen stirbt‹, sagt Kristina Großmann, Ethnologin und Mitherausgeberin des gerade erschienenen Buches ›Gewalt gegen Frauen in Südostasien und China‹. ›Der aktuelle Fall ist nur die Spitze des Eisbergs. Dass er öffentlich behandelt wird, ist eine Ausnahme.‹ Im männerdominierten Indien wird sexuelle Belästigung gern als Kavaliersdelikt abgetan, Vergewaltigungen oftmals armer Frauen auf dem Land sind Alltag, fanden aber bislang kaum öffentliche Beachtung.«[1]

Eine Australierin wurde kürzlich in Dubai in den Vereinigten Arabischen Emiraten von drei Männern betäubt und vergewaltigt. Jetzt wurde sie (!) wegen außerehelichem Geschlechtsverkehr zu 8 Jahren Gefängnis verurteilt. In diesem Land müssten nach der Gesetzeslage schon die Täter selbst gestehen oder vier Männer als Augenzeugen aussagen, wenn die Täter belangt werden sollten.[2]

Wechsel nach Japan. Der Oberbürgermeister der Millionenstadt Osaka, Toru Hashimoto, sagte kürzlich über die Hunderttausende von Asiatinnen, die japanischen Soldaten während des Zweiten Weltkrieges als Zwangsprostituierte zur Verfügung stehen mussten und euphemistisch »Trostfrauen« genannt wurden: »Wenn man Soldaten, die unter Bedingungen, bei denen Kugeln herumfliegen wie Regen und Wind, ihr Leben riskierten, ausruhen lassen will, war ein System der Trostfrauen notwendig. Das ist jedem klar«.[3] Forscher schätzen die Zahl der betroffenen Frauen auf 200 000, vielleicht sogar 300 000, die vor allem aus Korea sowie aus China stammten, aber auch aus allen anderen besetzten Gebieten. Jahrelang mussten die »Trostfrauen« 30 bis 40 Männer am Tag über sich ergehen lassen.[4] Die Opfer wurden nie entschädigt.

3. Haben die deutschsprachigen Länder nicht schon genug getan?

1911 durften Frauen in 2 Staaten der Erde wählen. Heute wählen sie fast überall, wo gewählt wird, selbst im Iran. In 28 Ländern sind 30 Prozent oder mehr der Parlamentarier Frauen, in 19 Staaten ist die gewählte Spitze von Staat oder Regierung weiblich. 187 Staaten der Welt haben das »Internationale Übereinkommen zur Beseitigung jeder Form von Diskriminierung der Frau« (CEDAW) der Vereinten Nationen ratifiziert, wenn auch bisweilen mit Vorbehalten. 173 Staaten der Erde garantieren bezahlten Schwangerschaftsurlaub. Also alles paletti?

Müttersterblichkeit wird weltweit nach festgelegten Kriterien erfasst.[5] Nach diesen Kriterien starben im Jahr 2010 in Deutschland 37 Mütter während Schwangerschaft oder Geburt, das sind 5 Frauen auf 100 000 Lebendgeburten. Vor dem Ersten Weltkrieg lag die Zahl bei 300 bis 350, der Höchststand war 1929 mit 550 verstorbenen Müttern auf 100 000 Lebendgeburten. Deutschland gehört damit heute zu den Spitzenreitern mit der niedrigsten Müttersterblichkeit, denn weltweit lag der Durchschnitt für das Jahr 2010 bei 210 Frauen, in Afrika etwa bei 500, in Nepal sogar bei 870 (2007), in den Industrieländern bei 8 bis 12 Frauen – mehr dazu im Abschnitt zur Müttersterblichkeit im zweiten Kapitel.

Ja, dieses Beispiel zeigt: Es ist mit gewaltigem Aufwand viel erreicht worden und wir wollen Erreichtes nicht schlechtreden. Und es zeigt auch, dass Gleichberechtigung und andere Fortschritte für Frauen nie nur eine private Angelegenheit sein können, sondern gesamtgesellschaftlicher und politischer Anstrengungen bedürfen, denn eine hohe Müttersterblichkeit ist ja selten die Folge des verwerflichen Handelns Einzelner, sondern das Ergebnis vieler verschiedener Faktoren, die ein Einzelner wenig beeinflussen kann.

Der Bericht des Weltwirtschaftsforums zur Gleichberechtigung weltweit (»The Global Gender Gap Report 2012«[6]) erstellt eine Rangliste von 135 Ländern basierend auf Zahlen aus den Bereichen wirtschaftliche Gleichstellung, Zugang zu Bildung, Zugang zu Gesundheit und politische Beteiligung. Island steht seit Jahren auf Platz 1, wie sich überhaupt die nordischen Länder an der Spitze bewegen. Die ersten 20 Plätze machen nord- und westeuropäische Länder unter sich aus, mit der rühmlichen Ausnahme von Neuseeland, Philippinen, Nicaragua, Lesotho, Litauen und Südafrika. Die Schweiz liegt auf Platz 10, Deutschland liegt auf Platz 13, Österreich auf Platz 20. Also nochmals: alles paletti?

Ja, einerseits wurde viel erreicht! Und deswegen will unser Buch nicht vor allem hier bei uns ansetzen, sondern Frauen in den Mittelpunkt rücken, an denen die Fortschritte der letzten Jahrzehnte spurlos vorübergegangen sind oder deren Lage sich in den letzten zwei Jahrzehnten sogar verschlimmert hat.

Das heißt aber natürlich nicht, dass es in den deutschsprachigen Ländern nichts zu tun gäbe. Zum einen schließt eine solche Statistik nicht aus, dass auch bei uns Frauen vergewaltigt, zur Prostitution gezwungen oder verbal etwa als »Fotze« oder »Schlampe« beleidigt werden. Zum anderen zeigt ein Blick auf die vier Bereiche Politik, Wirtschaft, Gesundheit und Bildung, wie unterschiedlich die Gleichberechtigung bei uns fortgeschritten ist. Im Bereich Politik landet Deutschland auf Platz 15, im Bereich Wirtschaft auf Platz 31, im Bereich Gesundheit auf Platz 52 und im Bereich Bildung auf einem beschämenden Platz 83. Der schlechteste Platz der Schweiz ist die Bildung (Platz 71), der schlechteste Österreichs die Wirtschaft (Platz 70). Nun mag man im Einzelnen die Kriterien des Berichts bemängeln, aber die Tendenz stimmt doch: In demselben Land können neben hervorragend entwickelten Bereichen unzureichend entwickelte Gebiete existieren und dabei kann es sich schon in den drei genannten Ländern um ganz unterschiedliche Bereiche handeln. Oder anders gesagt: Ein

Land kann eine Langzeitbundeskanzlerin haben und gleichzeitig in der Bekämpfung der Zwangsprostitution versagen.

Für Deutschland kann man das im Bereich der Bildung sehr schön zeigen. Auf der Ebene der Schule ist die Gleichberechtigung umgesetzt worden. Mädchen schneiden im Schnitt in der Schule besser ab, es gibt mehr Lehrerinnen als Lehrer, es studieren mehr Frauen als Männer. In der Grundschule finden sich fast nur noch Lehrerinnen, im Gymnasium sind die Geschlechter ausgeglichen. Schaut man sich das Ganze aber mit Blick auf die Spitzenbildung und Forschung an, so muss man feststellen: Je höher die Ebene der Bildung, desto geringer der Frauenanteil. Oder anders gesagt: Es ist hierzulande (im Gegensatz zu zahlreichen anderen Ländern) für Frauen nicht schwierig, Schulbildung zu erhalten, es ist allerdings für sie weiterhin viel schwieriger als für Männer, Professorin zu werden.

Im Jahr 2010 lehrten gemäß Statistischem Bundesamt 7 945 Professorinnen an deutschen Hochschulen, was 19 Prozent der Lehrstuhlinhaber entspricht. 1995 waren es noch 8 Prozent. In den Sprach- und Kulturwissenschaften war der Prozentsatz mit 30 Prozent am höchsten, in den Ingenieurswissenschaften mit 9 Prozent am niedrigsten. [Wohlgemerkt: Es geht hier nicht darum, bürokratisch und unabhängig von persönlichen Neigungen und Fähigkeiten 50/50-Quoten bei der Lehrstellenbesetzung durchzusetzen. Die Unterschiedlichkeit von Mann und Frau wird sich immer auch in unterschiedlichen Interessen für bestimmte Berufsgruppen und Themen niederschlagen und damit auch darin, dass gewisse Universitätsfächer eher für Männer oder für Frauen interessant sind. Nichts aber davon kann die geringe Zahl an Lehrstuhlinhaberinnen erklären.]

4. Böse Redensarten

Alle großen Religionen, Weltanschauungen und Kulturen kennen in ihrer Geschichte die Verachtung und Unterdrückung des weiblichen Geschlechts, und es gibt viele Beispiele dafür, wie die Unterdrückung von Frauen gerechtfertigt und begründet wird. Eine vietnamesische Redewendung besagt: »Ein Mann ist zehn Mal mehr wert als eine Frau«, eine andere: »Egal wie oberflächlich ein Mann ist, er ist immer noch tiefgründiger als eine Frau.«[7] Und ein nahöstlich-islamisches Sprichwort sagt: »Männer und Frauen haben als Menschen nicht denselben Wert.«[8] Ähnlich erschütternde Aussagen finden sich in wohl allen Kulturen, auch aus dem Mund der bedeutendsten Denker und Geister.

Konfuzius (551–479 v. Chr.) begründet sie ebenso wie sein Schüler Dichter Fu Hsüan (217–278 n. Chr.), der sagte: »Es ist wirklich bitter, als Frau geboren zu werden, man kann sich schwer etwas so Niedriges vorstellen ...« Im jüdischen Morgengebet richten Männer den Dank an Gott, »der mich nicht als Frau erschaffen hat«.[9]

Die Frauenverachtung vieler christlicher Kirchenväter wie Johannes Chrysostomus (349–407 n. Chr.) ist häufig belegt worden. Fast tausend Jahre später legte der Kirchenlehrer Thomas von Aquin (1225–1275) nach: »Die Frau verhält sich zum Mann wie das Unvollkommene und Defekte (imperfectum, deficiens) zum Vollkommenen (perfectum)«; und: »Der wesentliche Wert der Frau liegt in ihrer Gebärfähigkeit und in ihrem hauswirtschaftlichen Nutzen.« Höhepunkt seiner Frauenverachtung war die Äußerung: »Die Frau ist ein Missgriff der Natur ... mit ihrem Feuchtigkeitsüberschuss und ihrer Untertemperatur körperlich und geistig minderwertiger ... eine Art verstümmelter, verfehlter, misslungener Mann ... die volle Verwirklichung der menschlichen Art ist nur der Mann.«[10]

Der berühmte Koranausleger Ibn Kathir erläutert zu Sure 4,34: »Männer sind Frauen überlegen, und ein Mann ist besser als eine Frau.«[11] Ebenso urteilt ar-Razi, einer der berühmtesten islamischen Theologen: »Der Mann ist besser als die Frau.«[12]

Die Grundlagen für den Frauenhass unserer Kultur schuf Plato, die vermeintlich wissenschaftliche Begründung dafür sein Schüler Aristoteles. Die Philosophiegeschichte ist auch eine Geschichte des Frauenhasses, blühte ausgerechnet während der sogenannten »Aufklärung« noch auf, etwa unter Jean-Jacques Rousseau (1712–1778) oder Immanuel Kant (1724–1804). Als Mary Wollstonecraft (1759–1797) während der Aufklärung in Frankreich »Ein Plädoyer für die Rechte der Frau« veröffentlichte, um die sie die gerade verabschiedeten Menschenrechte ergänzen wollte, wurde sie übel beschimpft und verleumdet.

Auch der Atheismus hat erbitterte Frauenfeinde hervorgebracht,[13] zu den übelsten Formulierungen gehören sicher die von Arthur Schopenhauer (1788–1860) und Friedrich Nietzsche (1844–1900). Nietzsche fasste die Neigung zur »orientalischen Behandlung« der Frauen in die klassischen Worte der Frauenunterdrückung: »Das Glück des Mannes heißt: Ich will. Das Glück des Weibes heißt: Er will.« Das Weib ist »Sklave« und »Tyrann«, »gelehrte Neigungen« sind ein Zeichen von gestörter »Geschlechtlichkeit«.[14]

Karl Marx sagte: »Man muss die Welt mit Knaben bevölkern«[15] und: »Die Weiber bedürfen offenbar stets der Vormundschaft.«[16] Sein Freund Friedrich Engels fügte hinzu: »Ich erlaube aber nicht den Women's-rights-Madämchen, von uns Galanterie zu verlangen: wollen sie Männerrechte, sollen sie sich auch als Männer behandeln lassen.«[17] »Der Lasalle ist offenbar daran kaputtgegangen, dass er das Mensch (gemeint ist Helene von Dönnings) nicht sofort in der Pension aufs Bett geworfen und gehörig hergenommen hat, sie wollte nicht seinen schönen Geist, sondern seinen jüdischen Riemen.«[18]

5. Die Vereinten Nationen und der Europarat

Da hier nicht der Platz ist, eine Geschichte der Frauenrechte zu entfalten oder die Rechtslage in den deutschsprachigen Ländern darzulegen, soll nur kurz skizziert werden, welche Maßnahmen die Vereinten Nationen und der Europarat gegen die weltweite Frauenverachtung unternommen haben. »Auf internationaler Ebene steht das Thema schon länger auf der Agenda. 1979 verabschiedete die UNO-Generalversammlung das internationale Übereinkommen zur Beseitigung jeder Form von Diskriminierung der Frau (CEDAW). 1993 nahm die Generalversammlung die Erklärung über die Beseitigung der Gewalt gegen Frauen an. Seither gelten sexuelle Ausbeutung, genitale Verstümmelung, Vergewaltigung in der Ehe oder Misshandlung im sozialen Nahraum, Mitgiftmorde, gezielte Abtreibungen weiblicher Föten und Zwangssterilisation sowie staatliche oder staatlich geduldete körperliche, sexuelle und psychische Gewalt als Menschenrechtsverletzungen. 187 Staaten haben die CEDAW bis heute ratifiziert, aber vielfach mit Vorbehalten – und nicht immer mit einer Umsetzung in der Realität.«[19]

1994 wurde das Amt des Sonderberichterstatters für Gewalt gegen Frauen (»UN Special Rapporteur on Violence Against Women«) geschaffen, und mehrfach bestätigt und erweitert. Seit 2009 hat es die Südafrikanerin Rashida Manjoo inne.

Die »UN-Resolution gegen weibliche Genitalverstümmelung« wurde von der UN-Vollversammlung am 20. Dezember 2012 beschlossen. Darin sprechen sich alle 194 Mitgliedsstaaten der UN für das Erlassen entsprechender Gesetze und deren strenge Überwachung aus.

Terre des Femmes schreibt zur neuesten Erklärung von 2013: »Am Freitag den 15. 03. 2013 endete die 57. Sitzung der UN-Frauenrechtskommission in New York mit einer gemeinsamen Erklärung für die Bekämpfung von Gewalt an Mädchen und

Frauen. Diese verpflichtet die UN-Mitgliedsstaaten dazu, Rechte von Mädchen und Frauen sowie von Jungen und Männern nun gleichermaßen zu schützen, also diskriminierende Bestimmungen und Praktiken jeglicher Form von Gewalt abzuschaffen. Des Weiteren soll die Ermordung von Frauen auf Grund ihres Geschlechts in Zukunft ›Femizid‹ genannt werden. Im Fokus der diesjährigen UN-Frauenrechtskonferenz, die vom 4. bis 15. März tagte, stand die Prävention und Bekämpfung von Gewalt. Insgesamt nahmen mehr als 2 000 Vertreterinnen von fast 200 Regierungen teil, die sich mit der Erklärung für die Erhöhung der Aufmerksamkeit und der Maßnahmen zum Schutz vor Gewalt an Mädchen und Frauen, der sexuellen Selbstbestimmung aller Menschen sowie das Recht auf gynäkologische Versorgung einigten. Hauptstreitpunkt bei den Verhandlungen war dabei eine Formulierung, die besagt, dass weder Traditionen noch religiöse Ansichten Gewalt gegen Mädchen und Frauen rechtfertige. Vor allem Ägypten, der Iran, Libyen, der Sudan, Russland und der Vatikan lehnten sich bis kurz vor Verabschiedung der Erklärung gegen diese Bestimmung auf, gaben in letzter Minute jedoch nach. Einen Kompromiss gab es auch von Seiten der westlichen Staaten, da die Forderung nach einem Recht auf Homosexualität und sexuelle Gesundheit letztendlich nicht mit in das Papier aufgenommen wurde.«[20]

Die »Konvention zur Beseitigung von Gewalt gegen Frauen und häuslicher Gewalt« legt fest, dass die Gleichstellung der Geschlechter in den Verfassungen und Rechtssystemen der Unterzeichnerstaaten verankert sein muss und sämtliche diskriminierenden Vorschriften abzuschaffen sind. Zudem sollen Hilfsangebote für Frauen wie Rechtsberatung, psychologische Betreuung, finanzielle Beratung, Hilfe im Zugang zu Unterbringungsmöglichkeiten (Einrichtung von Frauenhäusern), Aus- und Weiterbildung sowie Unterstützung bei der Suche nach Arbeit aufgebaut werden. Außerdem verpflichten sich die Unterzeichnerstaaten, massiv gegen Zwangsehen vorzugehen.

Im Mai 2011 haben dreizehn Mitgliedsstaaten des Europarates, darunter auch Deutschland, die Konvention unterzeichnet.[21]

Die »Konvention zur Beseitigung des Menschenhandels« des Europarates wurde 2005 mit dem Ziel entwickelt, die Menschenrechte der Opfer zu stärken. Sie trat am 1. Februar 2008 in Kraft. Deutschland unterzeichnete sie im November 2005, hat sie aber leider bis heute nicht ratifiziert und umgesetzt.

II. Wie Gewalt und Unterdrückung von Frauen konkret aussehen

1. Gewalt und Vergewaltigung

Gewalt gegen Frauen allgemein

Eine Geschichte des philosophisch-religiös begründeten Frauenhasses auf der einen Seite, gute und hehre Worte der UN und Europas auf der anderen Seite. Wenden wir uns mit diesem Hintergrund nun der globalen Realität zu.

Gewalt gegen Frauen dürfte in absoluten Zahlen die häufigste Menschenrechtsverletzung sein, die es gibt. Sie ist ungemein vielgestaltig, von der Misshandlung oder Vergewaltigung im privatesten Bereich zwischen Verheirateten bis hin zur öffentlich sichtbaren Massenvergewaltigung im Krieg, von dem verschämt verschwiegenen familiären Missbrauch von Kindern bis hin zu der von deutschen Rappern besungenen und verherrlichten Gewalt an kleinen Mädchen, die millionenfach als Unterhaltungsmusik gekauft wird.

Im Abschlussdokument der Weltfrauenkonferenz in Peking 1995, der Pekinger Erklärung und Aktionsplattform 1995,[22] wird Gewalt gegen Frauen und Mädchen wie folgt definiert, wobei dabei die noch wichtigere Erklärung der UN-Generalversammlung über die Beseitigung der Gewalt gegen Frauen vom 20. Dezember 1993[23] weitgehend übernommen wurde:

Definition: »Gewalt gegen Frauen«

»Der Begriff ›Gewalt gegen Frauen‹ bezeichnet jede Handlung geschlechtsbezogener Gewalt, die der Frau körperlichen, sexuellen oder psychischen Schaden oder Leid zufügt oder zufügen kann, einschließlich der Androhung derartiger Handlungen, der Nötigung oder der willkürlichen Freiheitsberaubung in der Öffentlichkeit oder im Privatleben. Infolgedessen umfasst Gewalt gegen Frauen unter anderem folgende Formen:

- körperliche, sexuelle und psychische Gewalt in der Familie, namentlich auch Misshandlung von Frauen, sexueller Missbrauch von Mädchen im Haushalt, Gewalt im Zusammenhang mit der Mitgift, Vergewaltigung in der Ehe, Verstümmelung der weiblichen Geschlechtsorgane und andere traditionelle, für die Frau schädliche Praktiken, Gewalt außerhalb der Ehe und Gewalt im Zusammenhang mit Ausbeutung;
- körperliche, sexuelle und psychische Gewalt in der Gemeinschaft, so auch Vergewaltigung, Missbrauch, sexuelle Belästigung und Einschüchterung am Arbeitsplatz, an Bildungseinrichtungen und anderswo, Frauenhandel und Zwangsprostitution;
- vom Staat ausgeübte oder geduldete körperliche, sexuelle und psychische Gewalt, wo immer sie auftritt.«

Menschenrechtsverletzungen an Frauen nach Terre des Femmes:

- »Handel mit Frauen auf der ganzen Welt als billige Arbeitskräfte, Katalogbräute und Zwangsprostituierte,
- Nichtanerkennung der Verfolgung von Frauen aufgrund ihrer Geschlechtszugehörigkeit als Asylgrund,
- Verweigerung des Selbstbestimmungsrechts von Frauen über ihren Körper, z. B. Zwangssterilisationen und genitale Verstümmelung,
- sexualisierte Gewalt an Mädchen und Frauen,
- Abtreibung von weiblichen Föten,
- Zerstückelung und Vermarktung des weiblichen Körpers durch Gen- und Reproduktionstechniken.«[24]

»Gewalt gegenüber Frauen manifestiert sich auf physischer, sexueller, psychischer, ökonomischer oder sozialer Ebene. Oft sind es Verwandte und Bekannte, die Gewalthandlungen wie Misshandlung, Vergewaltigung oder so genannte ›traditionsbedingte‹ Gewalt (Harmful Traditional Practices, HTP) wie Zwangsheirat, Genitalverstümmelung (Female Genital Mutilation, FGM) oder Verbrechen im Namen der Ehre wie beispielsweise Ehrenmorde etc. ausüben: Der Bericht über Frauenarmut in der Europäischen Union verweist darauf, dass annähernd 20–25 % der Frauen im Erwachsenenalter physischer Gewalt ausgesetzt sind bzw. waren und mehr als 10 % aller Frauen sind bzw. waren Opfer sexueller Gewalt … Im gesellschaftlichen Umfeld kommt es zu gewalttätigen Handlungen gegen Frauen in Form von sexueller Belästigung, sexuellem Missbrauch, Vergewaltigung, Frauenhandel, Zwangsprostitution und Zwangsarbeit. Gewaltanwendungen gegenüber Frauen können auch von Seiten des Staates und staatlicher Organe ausgeübt werden.«[25]

Weltweit erleben schätzungsweise sechs von zehn Frauen im Laufe ihres Lebens physische und/oder sexuelle Gewalt in irgendeiner Form. Eine Studie der Weltgesundheitsorganisation (WHO) befragte 24 000 Frauen in zehn unterschiedlichen Ländern und stellte fest, dass der Prozentsatz in den meisten Ländern zwischen 30 Prozent und dem weltweiten Durchschnitt von 60 Prozent liegt und vom städtischen Japan mit 15 Prozent bis hin zum ländlichen Äthiopien mit 71 Prozent reicht.

Sicher, viele Studien wären besser zu verwenden, wenn Vergleichszahlen für Männer erhoben oder zur Verfügung gestellt würden. Diese Einseitigkeit schadet der Gleichberechtigung am Ende oft mehr, als sie ihr nützt. Wir werden uns im Folgenden bemühen, immer, wenn Vergleichszahlen vorliegen, diese auch anzuführen.

Zahlreiche Studien belegen, dass global gesehen Gewalt gegen Frauen ein Hauptfaktor für Tod und Behinderung darstellt und in absoluten Zahlen schlimmere Folgen hat als etwa Kriege, Krebs, Malaria oder Autounfälle. Leider ist die letzte globale Vergleichsstudie dazu bereits etwas älter, nämlich eine Studie der Weltgesundheitsorganisation (WHO) von 2002. Nach ihr starben weltweit mehr Frauen zwischen 15 und 44 Jahren an den Folgen von Gewaltausübung und es wurden auf diese Weise mehr Frauen in dieser Altersspanne zu Behinderten als durch Krebs, Malaria, Autounfälle und Krieg zusammengenommen.

Die Studie »Violence against Women Prevalence Data: Surveys by Country« von »UN Women« aus dem Jahr 2011 legt Daten aus 86 Ländern vor, die auf ganz unterschiedlichen internationalen, regionalen und nationalen Studien basieren. Sie beweist einmal mehr, dass Gewalt gegen Frauen weltweit grassiert. Nach der neuesten Studie der Weltgesundheitsorganisation der UN (WHO)[26] erleben weltweit im Durchschnitt 35 Prozent aller Frauen Gewalt oder sexuelle Gewalt. 30 Prozent erleben diese Gewalt von ihrem Intimpartner. In den reichen Ländern Europas, den USA und Australien zusammen sind es im Durchschnitt 23,2 Prozent, am anderen Ende stehen Afrika, der Mittlere Osten und Südostasien mit 36,6 bis 37,7 Prozent.

Gewalt gegen Frauen und Mädchen hat dabei weitreichende Folgen für die Opfer selbst, für ihre Familien und für die Gesellschaft als Ganzes. Sie zerstört die Selbstachtung, den Körper und die Seelen zahlloser Frauen, beraubt sie persönlich ihrer Zukunft, aber auch die Gesellschaft der Möglichkeit, die nächste Generation in gesunden familiären Beziehungen mit Respekt und Wertschätzung aufwachsen zu lassen.

Diese katastrophale Bilanz gilt auch im finanziellen Bereich. Ein nun schon zehn Jahre alter Bericht von 2003 des »US Centers for Disease Control and Prevention« berechnete, dass allein die medizinischen Folgekosten von häuslicher Gewalt bei 4,1 Milliarden US$ liegen. Dazu kommen 1,8 Milliarden US$ Verlust durch Abwesenheit vom Arbeitsplatz. Die australische Regierung berechnete, dass die Gewalt gegen Frauen und Kinder das Land jährlich 11,38 Milliarden US$ kostet.

Gewalt gegen Frauen insbesondere im häuslichen Bereich oder bei sexuellen Beziehungen wurde lange als Privatangelegenheit angesehen, in die sich der Staat oder die Öffentlichkeit nicht einzumischen hätten. Auch fehlten rechtliche Handhaben, so wie dies in vielen Ländern bis heute der Fall ist, wo etwa vergewaltigte Frauen Gefahr laufen, wegen außerehelicher Beziehungen angeklagt zu werden oder einem Ehrenmord zum Opfer zu fallen, wenn sie ihren Ehemann anzeigen wollen. Zudem waren früher – und vielerorts auch heute noch – Polizei und andere Sicherheitsapparate rein männlich besetzt und für die adäquate Behandlung dieser Fälle völlig ungeschult.

Tatsächlich aber ist es zentrale Aufgabe des Staates, die Würde, das Leben, die Unversehrtheit und die Menschenrechte aller Bürger zu schützen, egal, vor wem jemand geschützt werden muss und wie nahe der Täter dem Opfer stehen mag. Je weniger sich Frauen selbst wehren können, je abhängiger sie wirtschaftlich oder auf andere Weise sind, desto mehr hat der Staat sie wie alle Schwachen zu schützen. Dies beginnt mit klaren Gesetzen und notwendiger Aufklärung, setzt sich in wirksamer Strafverfolgung und Strafvereitelung fort und endet mit der energisch verfolgten Beseitigung der Voraussetzungen von struktureller Gewalt in der Gesellschaft.

Häusliche Gewalt

Der gefährlichste Ort für Frauen und Mädchen ist die eigene Familie beziehungsweise die Wohnung. An diesem Ort, der ihnen eigentlich Schutz und Unterstützung bieten sollte, findet ein Großteil der Gewalt gegen Mädchen und Frauen statt. Allerdings wird bei solchen Untersuchungen der Begriff »Familie« sehr weit gefasst, »Haushaltsgemeinschaft« wäre der bessere Begriff. So stellte das US-Justizministerium 1993 bei einer genaueren Analyse fest, dass 5 Prozent aller Vergewaltigungen von Frauen durch ihre Ehemänner geschahen, 21 Prozent durch Lebenspartner, den Ex-Ehemann oder Ex-Lebenspartner, 56 Prozent durch Verwandte oder Freunde, 18 Prozent durch den Opfern Unbekannte. Neuere Untersuchungen zeigen ähnliche Ergebnisse, wobei leider die Aufteilungen der Tätergruppen in den Untersuchungen meist etwas willkürlich sind – warum werden etwa Verwandte und Freunde nicht getrennt ausgewiesen?

»Frauen weltweit sind betroffen – wenn auch in sehr unterschiedlichem Ausmaß. Laut Amnesty International (AI) ergaben Befragungen, die zwischen 2002 und 2007 für den ›Penguin Atlas of Women in the World‹[27] durchgeführt wurden, dass je nach Land zwischen 11 und 80 Prozent der Frauen eigenen Angaben zufolge physische Gewalt durch den Partner erlebt haben. Der niedrigste Prozentsatz stammt aus den Niederlanden, der höchste aus Pakistan. Es folgen Russland und Bolivien mit je 70 Prozent. Indien rangiert demnach bei 42 Prozent, Deutschland bei 20 Prozent. Laut AI ermittelte eine Studie, die 2004 im Auftrag der Bundesregierung auf Grundlage von 10 000 Interviews durchgeführt wurde, jedoch einen Wert von 25 Prozent.«[28]

Frauen, die nach eigenen Angaben in den Jahren 2002 bis 2007 physische Gewalt durch ihren Partner erfahren haben[29]

[die sieben Länder mit dem höchsten Prozentsatz:]

Pakistan	80 %
Russland	70 %
Bolivien	70 %
Vereinigte Arabische Emirate	66 %
Nigeria	66 %
Türkei	58 %
USA	31 %
...	
Deutschland	20 %
...	
am niedrigsten: Niederlande	11 %

Ergebnisse der »Bielefelder Studie« (2004) zu Deutschland[30]

1. Körperliche und sexuelle Gewalt ist ganz überwiegend häusliche Gewalt durch Partner, Ex-Partner, Familienmitglieder, enge Freunde, Nachbarn.
2. Die Phase vor und nach einer Trennung ist für Frauen am gefährlichsten.
3. Gewalt kommt in allen Bildungsschichten gleichermaßen vor, und dies bezüglich Täter und Opfer.
4. Frauen türkischer Herkunft sind mit 38 % häufiger betroffen als deutsche Frauen mit 25 %.

In den Familien entsteht auch die Haltung, die es Frauen gerechtfertigt erscheinen lässt, dass gegen sie Gewalt ausgeübt wird.

Frauen finden Gewalt gegen ihre eigene Person akzeptabel[31]

Ägypten	94 %
Sambia	91 %
Indien	70 %
Äthiopien	69 %

Fügen wir noch einige Beispiele verschiedener Länder hinzu.

»Auf dem Papier sind [in China] Männer und Frauen hier durch den sechsten Artikel der 1950 verabschiedeten Verfassung gleichgestellt, häusliche Gewalt wird durch das 2001 überarbeitete Ehegesetz verboten. Dennoch wurden laut einer 2010 durchgeführten Studie des nationalen chinesischen Frauenverbandes ACWF 24,7 Prozent der befragten Frauen Opfer von häuslicher Gewalt. 50 bis 60 Prozent aller Scheidungen in der VR China werden demnach mit häuslicher Gewalt begründet.«[32]

Eine Umfrage der türkischen Universität Krikkikale unter 3 500 Männern in der Türkei von 2013 zeigt, dass 28 Prozent der Männer Gewalt gegen Ehefrauen normal finden. 34 Prozent halten sie »gelegentlich« für »notwendig«. 30,9 Prozent wollen ihre Frauen nur schlagen, wenn »ein guter Grund« vorliegt.[33] Zusammen sind das 92,9 Prozent der Männer!

Ist Gewalt in den eigenen vier Wänden nur eine Problematik von Gesellschaften anderer Erdteile, in denen Frauen wenig Zugang zu Bildung erhalten oder das gesellschaftliche Klima durch weltanschaulich oder traditionell-religiöse Normen so geprägt ist, dass Gewalt gegen Frauen unzureichend geächtet wird? Mitnichten!

Eine Studie des Justizministeriums der USA von 2012 kommt für den Zeitraum 1994 bis 2010 zu folgendem Ergebnis:[34] In diesem Zeitraum sank die Rate der Partnerschaftsgewalt mit Opfern ab 12 Jahren und älter um 64 Prozent auf 3,6 pro

1000, und zwar für Männer und Frauen. 4 von 5 der Opfer waren weiblich. Die höchsten Raten an Gewaltausübung fanden sich unter den beiden Altersgruppen 18 bis 24 und 25 bis 34 Jahre. Frauen und Mädchen in einem Haushalt einer allein erziehenden Mutter waren zehn Mal so oft Opfer wie in einem Haushalt eines verheirateten Paares mit Kindern und sechs Mal höher als in einem weiblichen Singlehaushalt ohne Kinder.

»Bei den Tötungsdelikten in Deutschland weist das Bundeskriminalamt (BKA) für das Jahr 2011 49,2 Prozent (154 von 313) aller getöteten Frauen als Opfer ihres aktuellen oder ehemaligen Partners aus. Laut Gewaltbericht des österreichischen Bundesministeriums für soziale Sicherheit und Generationen aus dem Jahr 2002 war nach Dunkelfeldschätzungen jede fünfte bis zehnte in einer Beziehung lebende Frau von schwerer Gewalt betroffen. Zwei Drittel aller Morde werden im Familienkreis begangen, in 90 % der Mordfälle sind Frauen und Kinder die Opfer.«[35]

»Im eigenen Heim leben Frauen am gefährlichsten. Weltweit ist das so, auch in Deutschland.[36] Häusliche Gewalt ist die häufigste Ursache von Verletzungen bei Frauen: häufiger als Verkehrsunfälle und Krebs zusammengenommen. Für Frauen ist das Risiko, durch einen Beziehungspartner Gewalt zu erfahren, weitaus höher als von einem Fremden tätlich angegriffen zu werden. Bildung, Einkommen, Alter und Religionszugehörigkeit sind dabei völlig bedeutungslos. In Deutschland ist oder war schon jede vierte Frau Opfer von häuslicher Gewalt. Ihr eigenes Zuhause ist der gefährlichste Ort für eine Frau. Männergewalt gegen Frauen und Mädchen kostet die Solidargemeinschaft jährlich mehrere Milliarden Euro, Kosten für Justiz, Polizei, ärztliche Behandlung und Arbeitsausfälle. In 80–90 Prozent der Fälle häuslicher Gewalt sind Frauen die Opfer und Männer die Täter. Jährlich fliehen rund 40 000 Frauen mit ihren Kindern in Frauenhäuser.«[37]

In westlichen Ländern hat die Schaffung von Anlaufstellen für misshandelte Frauen lange auf sich warten lassen: Erste

Frauenhäuser entstanden in der angelsächsischen Welt Ende des 19. Jahrhunderts, sie wurden von protestantischen Sozialreformern und von Feministen gegründet. Die meisten dieser Schutzhäuser verschwanden wieder im Laufe des 20. Jahrhunderts. Die Tabuisierung des Themas Gewalt in der Ehe wird auch daran deutlich, dass die Fachzeitschrift »Journal of Marriage and Family« 1939 bis 1969 keinen einzigen Artikel zu diesem Thema veröffentlichte. Erst um 1970 brach sich eine weltweite Welle der Empörung Bahn. 1976 eröffnete das erste Frauenhaus in Deutschland, erst 1997 wird in Deutschland die Vergewaltigung in der Ehe zum Straftatbestand, 2002 weitet das »Gewaltschutzgesetz« Aufklärung und Bestrafung von sexualisierter Gewalt auch im häuslichen Bereich aus.

Vergewaltigung

Eine der schlimmsten Formen der Gewalt gegen Frauen ist die Vergewaltigung. Noch immer hält sich der Irrglaube, dass Vergewaltigungen von unbefriedigtem sexuellem Verlangen ausgelöst würden beziehungsweise in Gesellschaften mit restriktiver öffentlicher Moral am naheliegendsten wären. Bei einer Vergewaltigung geht es jedoch vor allem um Machtausübung und die dramatische Demonstration eigener, vermeintlicher Stärke auf Kosten der schwächeren Frau, um Erniedrigung einer Frau, ja, manchmal um Rache an Frauen an sich als Kompensation eines früher erlittenen Unrechts. Der Sexualtäter leidet in der Regel an einem schwach ausgeprägten Selbstbewusstsein, ist unfähig zu einer gleichberechtigten Beziehung auf Augenhöhe, seine Tat ist Ausdruck seiner Frauenverachtung.

Es kann nicht oft genug betont werden, dass eine Vergewaltigung keine Unterform der Sexualität ist, sondern der Gewalt. Es geht nicht um Befriedigung des Geschlechtstriebes, sondern des Machttriebes, weshalb man treffend von »sexualisierter Gewalt« spricht.

Vergewaltigungen finden weltweit[38] oft dort statt, wo Frauen Schutz und Hilfe erfahren sollten, nicht selten auf Polizeidienststellen, in der Armee oder in Gefängnissen, auf offener Straße oder im unübersichtlichen Gelände, am häufigsten aber im häuslichen Umfeld beziehungsweise im Umfeld des persönlichen Bekanntenkreises.

Nach einer älteren, auf den Zeitraum 1993 bis 1995 bezogenen großen repräsentativen Umfrage des Justizministeriums der USA waren 91 Prozent der Vergewaltigungsopfer weiblich und 99 Prozent der Täter männlich.[39] Dasselbe Justizministerium untersuchte alle Anzeigen von Vergewaltigungen von Kindern und Jugendlichen aus den Jahren 1991 bis 1996. 94 Prozent der Täter waren männlich, 82 Prozent der Opfer waren weiblich, wobei mit dem Alter der Opfer der relative Anteil der weiblichen Opfer und der Anteil der männlichen Täter steigt.[40]

Nach Angaben des Büros der Vereinten Nationen für Drogen- und Verbrechensbekämpfung (UNODC) werden jährlich mehr als eine Million Vergewaltigungen verübt. Dabei sind die vielen Vergewaltigungsopfer, die sich nicht melden, also die Dunkelziffer, nicht berücksichtigt.

Ausgerechnet Schweden, wo die Gleichberechtigung weit fortgeschritten ist, hat die höchste Vergewaltigungsrate Europas, nämlich 46 Vergewaltigungen pro Jahr pro 100 000 Einwohnern im Jahr 2009, wobei allerdings die Definition von Vergewaltigung dort auch weiter zu sein scheint als in anderen Ländern. Überhaupt sind das Meldeverhalten, die Definition und die Veröffentlichungspraxis in den verschiedenen Ländern sehr unterschiedlich. Und sehr selten werden die frauenbezogenen Zahlen zu den Zahlen von männlichen Opfern in Beziehung gesetzt.

In Deutschland ist die Zahl der bekannt gewordenen Vergewaltigungen leicht rückläufig und lag 2009 bei 8,9 Fällen pro Jahr pro 100 000 Einwohnern, insgesamt bei rund 7 300 angezeigten Vergewaltigungen pro Jahr.

Eine repräsentative Studie aus dem Jahr 2004, die vom Bundesfamilienministerium in Auftrag gegeben worden war,[41] kam zu dem Ergebnis, dass jede siebte Frau in Deutschland als Erwachsene mindestens einmal vergewaltigt wurde, mehr als die Hälfte (56 Prozent) davon auch mehrmals. Die Täter waren praktisch ausschließlich (99 Prozent) männlich. 85 Prozent der Täter kamen aus dem persönlichen Umfeld der Frau, nur 15 Prozent der Täter waren der Frau Unbekannte. Am häufigsten wurden Ex-Partner genannt. Gegenwehr, Hilferufe oder Flucht waren viel eher erfolgreich, wenn der Täter ein Unbekannter war, als bei Tätern aus dem persönlichen Umfeld.

Südafrika hat die höchste Vergewaltigungsrate der Welt. Die Chance, lesen zu lernen ist dort geringer, als die Wahrscheinlichkeit, vergewaltigt zu werden. Jährlich werden mehr als 64 000 Vergewaltigungen angezeigt. Polizei und Frauenverbände schätzen aber die Dunkelziffer auf das 10- bis 25-fache der offiziellen Zahlen. Sollte es stimmen, wie eine größere Untersuchung zeigt, dass in Südafrika nur jede 20. Vergewaltigung überhaupt angezeigt wird, hieße das, dass dort täglich 1 300 Frauen Opfer einer Vergewaltigung würden, zusammen mehr als 475 000 Frauen pro Jahr. In Südafrika wird jede vierte Frau Opfer sexueller Gewalt. In einer Umfrage gab jeder vierte Mann zu, schon einmal eine Frau vergewaltigt zu haben. Zur Verurteilung kommt es selten.[42]

In Ecuador haben bei einer Untersuchung 37 Prozent der Schülerinnen, die sexuelle Gewalt in der Schule erlebten, ihre Lehrer als Täter angegeben. Angezeigt wurde kaum ein Fall davon.

»1993 wurde [von Indien] das UNO-Übereinkommen CEDAW ratifiziert, 2005 wurden strenge Gesetze gegen häusliche Gewalt verabschiedet. Auf dem Papier hat sich also einiges getan in Indien, aber der Wille, eine Bewusstseinsänderung zur Stellung der Frau einzuleiten, scheint noch zu fehlen. Indien ist laut einer Studie der Organisation TrustLaw der Staat unter den 20 führenden Entwicklungs- und Schwellenländern, in dem die Rechte der weiblichen Bevölkerung am wenigsten geschützt werden: Bei knapp 90 Prozent der im Jahr 2011 offiziell erfassten 256 329 Gewaltdelikte waren eine oder mehrere Frauen Opfer. Nach der Vergewaltigung einer Studentin in Neu-Delhi tut sich allerdings etwas. Seit dem 1. Januar gibt es eine Hotline für Opfer sexueller Gewalt, die Regierung hat zwei Kommissionen eingesetzt, die Vorschläge zur Verbesserung der Sicherheit von Frauen erarbeiten sollen. In Neu-Delhi soll es mehr Beleuchtung geben und öffentliche Busse besser überwacht werden. Außerdem versucht die Polizei, mehr Frauen für den Dienst auszubilden, damit sich Vergewaltigungsopfer leichter an Behörden wenden können.«[43]

Der libysche Diktator Mohammed Gaddafi, der im dritten Kapitel seines »Grünen Buches« die Gleichberechtigung beschwört, hielt sich nicht nur eine verharmlosend als »Amazonen« bezeichnete brutale weibliche Leibwache, sondern ließ sich, wie Herrscher vor 3 000 Jahren im Orient oder vor 1 000 Jahren bei den Inkas, massenweise junge Mädchen aus dem ganzen Land vorführen, aus denen er sich dann einige aussuchte, die er dann wochenlang vergewaltigte und im Keller gefangen hielt. Annick Cojean hat aus Zeugenaussagen das Buch »Niemand hört mein Schreien: Gefangen im Palast Gaddafis«[44] verfasst und den Opfern ein Denkmal gesetzt. Dass Gaddafi auch Untergebene bestrafte oder einschüchterte, indem er ihre Frauen und Töchter vergewaltigte und das libysche Regime Vergewaltigung als Terrormaßnahme gegen Abweichler einsetzte, wundert da nicht mehr, auch nicht, dass der Diktator dann auch die Männer selbst bisweilen zur Strafe vergewaltigte.

Gruppenvergewaltigung

Eine noch schlimmere Tat als die Vergewaltigung ist die Gruppenvergewaltigung (Engl. »gang rape«), bei der eine oder mehrere Frauen von einer Gruppe von Männern nacheinander vergewaltigt werden. Folgen wir dem Internationalen Handbuch für Kriminologie,[45] kann man folgende Erkenntnisse zusammenfassen: 1. Die Tat ist meistens geplant, geschieht also nicht spontan. 2. Die Täter sind meist im Durchschnitt jünger als bei Einzelvergewaltigungen. Das hängt mit dem 3. Punkt zusammen: Meist handelt es sich um ein Täterkollektiv mit einer stark hierarchischen Struktur, bei der neuere, schwächere Mitglieder ihre Stärke beweisen müssen. Dieser Druck geht Hand in Hand mit dem, was die Kriminologen »kollektive Verantwortungslosigkeit« nennen, die dazu führt, dass gemeinsam Verbrechen begangen werden, zu denen alle Einzelnen oder die meisten Einzelnen der Gruppe alleine nicht fähig wären. Aber durch die Gruppendynamik schaukeln sich perverse Wertvorstellungen von Männlichkeit, Macht, Durchsetzungsvermögen und Aggressivität immer höher auf. Die Gruppennorm und die Scham, sie nicht zu erfüllen, werden zum Hauptmotor des Verbrechens.

Die Opfer werden bei Gruppenvergewaltigungen nicht nur durch die Häufigkeit der Vergewaltigung, sondern auch durch die Anfeuerungen der anderen Gruppenmitglieder viel stärker gedemütigt. Zudem wird das ohnehin vorhandene Ohnmachtsgefühl des Opfers durch die zahlenmäßige Überlegenheit der Täter stark erhöht. Die physischen und psychischen Schäden sind viel stärker ausgeprägt und halten länger an als bei einer Einzeltat.

Im Internet werden »gang rapes« auf ungezählten pornografischen Seiten dargestellt und verherrlicht, ohne dass das auf nennenswerten öffentlichen Protest stößt. Auch Gruppensexdarstellungen (Engl. »gang bang«) weisen oft einen starken Gewaltanteil auf.

Bei der schon eingangs erwähnten Gruppenvergewaltigung in der indischen Stadt Neu-Delhi am 16. 12. 2012, die Zigtausende Inder zum Protest auf die Straße trieb, wurde die 23-jährige Jyoti Singh Pandey von sechs Männern vergewaltigt und misshandelt. Sie starb am 29. 12. 2012 an den Folgen der schwersten inneren Verletzungen. In Indien werden Vergewaltigungen oft in Gruppen begangen und von den männlichen Gangs beschönigend »Eve teasing« (»Eva reizen«) genannt.[46]

Vergewaltigung im Krieg

Massenhafte Gewalt gegen Frauen ist seit Jahrtausenden eine fast selbstverständliche Begleiterscheinung aller Kriege und Bürgerkriege gewesen. Sie kommt auch dort vor, wo Staaten ein schwach entwickeltes Rechts- und Justizwesen aufweisen und Rechtlosigkeit um sich greift. Als wäre das nicht erschreckend genug, muss man feststellen, dass dieser Faktor seit 100 Jahren eher zu- als abnimmt. So überbot schon der Zweite Weltkrieg den Ersten in dieser Frage, aber der Vietnamkrieg, die Balkankonflikte oder Bürgerkriege in Ruanda und Sierra Leone stehen für noch systematischere Gräuel, bei denen Frauen und Mädchen vergewaltigt, zur Zwangsprostitution gezwungen, als Kindersoldaten gehalten oder umgebracht wurden. Erschreckenderweise sind in diese Verbrechen sogar teilweise UN-Truppen verwickelt gewesen, die Menschenrechte und Frieden garantieren sollen, wie inzwischen offizielle UN-Berichte belegen.[47]

Bekannt ist, dass nie häufiger vergewaltigt wird als in Kriegszeiten durch Soldaten.[48] Vergewaltigung ist dort nicht nur Zeichen der Verrohung und der Enthemmung, zumal Strafe kaum befürchtet werden muss, sondern auch Mittel zur Demütigung und Demoralisierung des Feindes. Sexualisierte Gewalt gegen Frauen wird in fast jedem Krieg oder Bürgerkrieg systematisch als Mittel der Kriegsführung eingesetzt. Die UNO hat das 2008 aufgrund eines Berichtes ausdrücklich als Tatsache festgestellt und verurteilt.

»Sexualisierte Gewalttaten gegen Mädchen und Frauen innerhalb bewaffneter Auseinandersetzungen sind schon aus der Antike bekannt und werden bis heute unvermindert als Kriegswaffe eingesetzt. Bereits 1975 wies Susan Brownmiller in ihrem Standardwerk ›Gegen unseren Willen‹ präzise nach, dass Vergewaltigungen elementare Bestandteile jeder kriegerischen Auseinandersetzung sind, in der Regel keines Befehls bedürfen, aber als systematische Waffe gegen den jeweiligen Gegner eingesetzt werden. Wo Männer Terrain erobern, besetzen sie auch die Körper von Frauen. Während in Friedenszeiten die Vergewaltigung die Frau demütigen und zerstören soll, gewinnen Vergewaltigungen in Kriegszeiten darüber hinaus die Funktion, das Wir-Gefühl der feindlichen Gruppe zu zerstören ...«[49]

Wenn Zivilisten von einem Krieg oder Bürgerkrieg betroffen sind, leiden Frauen insgesamt meist mehr als Männer. Aber es geht hier darüber hinaus um systematische Gewalt speziell gegen Frauen, um militärische, politische und/oder psychologische Ziele zu erreichen, um Schrecken zu verbreiten, um Soldaten zu befriedigen, den Hass auf andere Ethnien zu demonstrieren, Nachkommen der eigenen Ethnie hervorzubringen oder zu beweisen, dass man stärker und mächtiger ist. Dazu kommen Vergewaltigungen, die sich ereignen, weil die öffentliche Ordnung zusammengebrochen ist und keine Bestrafung zu befürchten ist. Dann sind die Täter nicht immer nur die militärischen Gegner.

Kriegsverbrechen gegen Frauen sind zudem oft von Verharmlosung und Tabuisierung betroffen. Sicher wurden auch andere Bereiche und Verbrechen des Zweiten Weltkriegs tabuisiert und beispielsweise den eigenen Kindern später gegenüber kaum erwähnt, aber kein Bereich wurde so totgeschwiegen wie Gewalt gegen Frauen. Erst seit etwa 20 Jahren wird darüber wirklich geforscht und in den Medien darüber berichtet. Dabei geht es um die ungezählten, noch nicht einmal zu schätzenden Vergewaltigungen deutscher Soldaten in den eroberten Gebieten ebenso wie um die geschätzten 1,9 Mio. Vergewaltigungen durch Angehörige der Roten Armee in den eroberten Ostgebieten und Deutschlands am Ende des Zweiten Weltkrieges.

Zudem dauert es oft lange, bis eine durch Kriege hervorgebrachte massenhafte Gewalt gegen Frauen zurückgeht, die Gesellschaft bleibt oft gewaltbereiter als vorher. Die Versorgung mit Prostituierten und Zwangsprostituierten im großen Stil hat im Vietnamkrieg ebenso wie etwa im Kosovokrieg zu Großbordellen geführt, die Jahrzehnte später noch vorhanden sind. Die unbekannte Hafenstadt Pattaya in Thailand, wo sehr viele Vietnamsoldaten ihre »Erholungszeiten« während des Krieges verbrachten, ist bis heute eines der größten Bordelle der Welt, wie überhaupt der Vietnamkrieg den westlichen Sextourismus nach Thailand erst entfacht hat.

Neben den unkontrollierten Vergewaltigungen sind in Bezug auf den Zweiten Weltkrieg auch die organisierten Zwangsbordelle zu nennen, Bordelle in Konzentrationslagern, Wehrmachtsbordelle, aber auch die japanischen Kriegsbordelle oder die systematischen Vergewaltigungen der Einwohner der chinesischen Hauptstadt Nanking durch japanische Besatzungssoldaten im Jahr 1937.

»Besonders von militärischer Seite wird immer wieder betont, Vergewaltigungen seien ein ›bedauerliches Nebenprodukt‹ von Kriegen. Dagegen sprechen Statistiken: Die vorsichtigen Schätzungen von Historikerinnen im Zusammenhang mit dem Zweiten Weltkrieg gehen von mindestens 2 Millionen Vergewaltigungen allein auf deutschem Territorium aus – davon etwa 240 000 unmittelbar mit Todesfolge für die Mädchen und Frauen. Gleichsam wird die Anzahl von Vergewaltigungen durch deutsche Soldaten auf russischem Boden auf etwa 10 Millionen geschätzt.«[50]

In allen Fällen muss man hinzufügen, dass in der Statistik meist keine Trennung zwischen Frauen und Kindern vollzogen wird, also neben dem größeren Anteil von Mädchen auch minderjährige Jungen mitgezählt werden. Überhaupt sind Minderjährige die Hauptopfergruppe, in Afrika macht sie laut der Kinderrechtsorganisation »Save the Children« mindestens 50 Prozent der Opfer aus.

In den Konflikten auf dem Balkan Anfang der 1990er-Jahre wurden sowohl in Bosnien und Herzegowina als auch unter den Kosovo-Albanern schätzungsweise jeweils 20 000 bis 50 000 Frauen vergewaltigt. Schlimme Beispiele sind auch der zweite und der dritte Kongokrieg (1998 bis 2003, 2006 bis 2009).[51] Im Bürgerkrieg in Darfur im westlichen Sudan begingen die

»Dschandschawid«, bewaffnete arabischsprachige, berittene Milizen, systematisch Vergewaltigungen an der schwarzafrikanischen Bevölkerung.[52]

Erst seit Mitte der 1990er-Jahre wird international anerkannt, dass Massenvergewaltigungen Kriegsverbrechen sind und nicht nur auf unbeherrschte Soldaten zurückgehen. Erstmals in der Geschichte haben die ad-hoc-Internationalen Strafgerichtshöfe für das ehemalige Jugoslawien (ICTY, seit 1993 in Den Haag) und für Ruanda (ICTR, seit 1994 in Arusha, Tansania) Vergewaltigungen als Verbrechen gegen die Menschlichkeit, als Kriegsverbrechen unter Anklage gestellt. Der Strafgerichtshof zu Ruanda definierte 1998, dass Vergewaltigung und sexuelle Gewalt Völkermord darstellen, wenn sie mit der Absicht geschehen, eine bestimmte Bevölkerungsgruppe zu zerstören.

Erstmals wurden dann im Jahr 2001 drei Angeklagte tatsächlich wegen organisierten Massenvergewaltigungen und sexueller Versklavung angeklagt und ihr Handeln im Urteil als schwerer Verstoß gegen die Genfer Konventionen und als Verbrechen gegen die Menschlichkeit eingestuft. 2008 verabschiedete der Sicherheitsrat der Vereinten Nationen die Resolution 1820, nach der sexualisierte Gewalt in bewaffneten Konflikten nun generell einen Straftatbestand darstellt.

Vergewaltigung im Bürgerkrieg

Was für offizielle Kriege gilt, gilt auch für Bürgerkriege innerhalb eines Landes, ebenso aber auch für Revolutionen und Unruhen aller Art.[53] Die Massenvergewaltigungen im amerikanischen Unabhängigkeitskrieg sind gut erforscht.[54] Im Zusammenhang mit dem Sturz des indonesischen Diktators Suharto kam es auf dem Weg zur Demokratie zu Massenvergewaltigungen chinesischstämmiger Indonesierinnen.[55]

Auffällig ist, dass extremistische Gruppen sich immer das Recht herausnehmen, Mädchen und Frauen der von ihnen verworfenen Bevölkerungsgruppen zu vergewaltigen, selbst wenn die rassistische Trennung Teil ihrer Ideologie ist. Die SS vergewaltigte jüdische Frauen, der Ku-Klux-Klan afroamerikanische Frauen, obwohl das Verbot sexueller Beziehungen mit diesen Bevölkerungsgruppen jeweils Teil ihres Programms war.

Der UN-Sonderberichterstatter für Menschenrechte geht davon aus, dass während des Genozids 1994 in Ruanda 250 000 bis 500 000 Mädchen und Frauen – oft vielfach – vergewaltigt wurden.[56] In der Demokratischen Republik Kongo wurden ab 1996 200 000 Vergewaltigungen dokumentiert, die Schätzungen liegen viel höher.

Während des Bürgerkriegs im afrikanischen Land Sierra Leone von 1991 bis 2002 wurden von der Revolutionary United Front (RUF) bei Überfällen auf Dörfer regelmäßig Mädchen und junge Frauen – meist sogar öffentlich – vergewaltigt und dann zwangsweise rekrutiert. »Weibliche Familienangehörige angeblicher Feinde wurden bevorzugt malträtiert. Durch die öffentlichen (Massen-)Vergewaltigungen griffen die Täter das maskuline Selbstbild der jeweiligen männlichen Familienangehörigen an, die in ihrer Wehrlosigkeit als Versager verhöhnt wurden. RUF-Kämpfer vergewaltigten auch Männer, um sie zu entmännlichen. Ebenso wurden sie gelegentlich von RUF-Kombattantinnen sexuell misshandelt. So war sexualisierte Gewalt eine verbreitete Kriegstaktik, um den familiären und sozialen Zusammenhalt der jeweiligen Feinde langfristig zu brechen.«[57] Schätzungen gehen von 215 000 bis 270 000 weiblichen Opfern aus, von denen dabei etwa 90 000 mit HIV infiziert wurden.[58]

»Mehr als fünf Jahrzehnte des Bürgerkriegs in Birma haben dazu geführt, dass sich Gewalt als Teil der Kultur etabliert hat. Frauen sind vermehrt Opfer. Zwar versprach die Militärregierung nach den Wahlen im Jahr 2010 einen Demokratisierungsprozess, beim Bewusstsein für Frauenrechte und der Reduzierung von Gewalt hat sich jedoch nichts verändert. Die Regierung hat zwar die UNO-Konvention ratifiziert, aber nicht in nationale Gesetzgebung umgesetzt. Es gibt auch keine Anzeichen dafür, dass Gesetze gegen Diskriminierung geschaffen werden.«[59]

»Der Bericht von Save the Children zitiert unter anderem eine Untersuchung aus Liberia, derzufolge 83 Prozent aller Opfer sexueller Gewalt im Bürgerkrieg von 2011 bis 2012 unter 17 Jahre alt waren. Eine weitere Studie bezieht sich auf Opfer sexueller Gewalt nach dem Bürgerkrieg in Sierra Leone. Dort betrafen mehr als 70 Prozent der Verbrechen Mädchen unter 18 Jahren. Ein großes Problem dabei ist nach Angaben von Save the Children, dass den Hilfsprogrammen für betroffene Kinder und Jugendliche viel zu wenig Geld zur Verfügung stehe.«[60]

Vergewaltigungen im Bürgerkrieg richten sich nicht nur gegen die Mädchen und Frauen der Gegner. So wurde nachgewiesen, dass die Verrohung im Rahmen der palästinensischen Intifada auch zu einem starken Anstieg von Vergewaltigungen und Ehrenmorden an jungen Palästinenserinnen durch Palästinenser führte.[61]

Vergewaltigung in Armeen

Man könnte meinen, dass sich das Thema Vergewaltigung im Krieg auf die Machtdemonstration der Sieger gegen die Besiegten beschränkt oder doch mindestens Vergewaltigungen innerhalb der Armeen nur dort vorkommen, wo kein funktionierender Rechtsstaat vorhanden ist. Weit gefehlt! Vergewaltigungen sind auch in Armeen demokratischer Staaten keine Ausnahmeerscheinung. Solange nur Männer Soldaten und Offiziere waren, trafen Vergewaltigungen, ähnlich wie in Männergefängnissen, vor allem schwächere Männer. Vergewaltigt wurde auch immer schon weibliches Personal, das die Armeen begleitete. Seitdem aber Frauen vermehrt in Armeen Dienst tun, sind Vergewaltigungen von Soldatinnen und Offizierinnen ein wachsendes Problem.

Besonders erschreckend ist in diesem Zusammenhang eine Untersuchung aus den USA: Sie belegte, dass Vergewaltigungen in der Armee zunehmen, seit Frauen Soldatinnen werden können, die meisten Opfer aber die Taten nicht anzeigen. In einer Luftwaffenakadamie waren 20 Prozent der Soldatinnen schon einmal vergewaltigt worden, aber 80 Prozent hatten das nicht angezeigt. Die Dunkelziffer der jährlichen Vergewaltigungen in den US-Streitkräften wird auf 10 000 Männer und 9 000 Frauen geschätzt, wobei der Prozentsatz der Frauen natürlich wegen ihrer noch geringen Zahl in der Armee viel höher liegt. 2012 wurden 3 223 Fälle angezeigt, 529 Täter von Militärgerichten verurteilt, 175 verbüßen eine Haftstrafe.[62] Bisher war eins der Probleme bei der Anzeige eines Übergriffs, dass hohe Offiziere eine Untersuchung ganz aussetzen konnten. Erst kürzlich wurde dieses Privileg abgeschafft.

»Das amerikanische Militär hat einen relativ hohen Frauenanteil – 14,6 Prozent sind weiblich. Einer guten Bilanz bei den weiblichen Karrierechancen steht allerdings ein alarmierender Bericht über Vorfälle sexueller Übergriffe gegenüber ... Im Jahr 2012 gab es laut US-Verteidigungsministerium 3 374 Fälle von sexueller Belästigung bis hin zur Vergewaltigung – ein Anstieg von sechs Prozent innerhalb von zwei Jahren ... Eine anonyme Umfrage des Pentagon ergab, dass die Dunkelziffer erheblich höher liegt. 90 Prozent der sexuellen Übergriffe werden demzufolge gar nicht gemeldet. Das liege daran, dass das Militär eine überaus schlechte Bilanz bei der Verfolgung und Verurteilung von Sexualstraftätern habe. Frauen, die sich zur Wehr setzten, müssten dagegen mit Karrierenachteilen und Stigmatisierung rechnen, sagt die Rechtsanwältin Susan Burke, die einige der Opfer vertritt. ›Die Rache an den Opfern endet oft damit, dass sie aus dem Militär gedrängt werden. Die Opfer werden geächtet, ihre Leistungsbewertungen fallen schlechter aus, es heißt von ihnen, sie seien nicht teamfähig. Es braucht also eine Menge Mut, eine Anzeige zu stellen. Weniger als ein Prozent der Beklagten werden verurteilt, aber die Wahrscheinlichkeit von Karrierenachteilen für die Opfer ist sehr groß.‹ ... Da das amerikanische Militär es in zwei Jahrzehnten nicht geschafft hat, des Problems Herr zu werden, ist die Wahrscheinlichkeit groß, dass die Verfolgung von Sexualdelikten in Zukunft aus der Militärhierarchie herausgelöst wird. Dafür zeichnet sich ein in Washington sonst so seltener überparteilicher politischer Konsens ab.«[63] Grund dafür sind auch zwei kürzlich eingeleitete Verfahren gegen Offiziere, die ausgerechnet in Abteilungen zur Bekämpfung sexuellen Missbrauchs eingesetzt wurden. Der eine soll eine Untergebene zur Prostitution gezwungen haben, der andere soll betrunken eine Frau sexuell belästigt haben.[64]

Armeen und Zwangsprostitution

Selten wird thematisiert, dass Armeen immer schon und immer noch das Prostitutions- und Zwangsprostitutionsgewerbe enorm ankurbeln, ja oft erst schaffen und es auch nach ihrem Abzug hinterlassen.[65] Schon die japanischen Truppen ebenso wie die deutsche Wehrmacht und afrikanische Warlords zwangen Frauen, als Sexsklavinnen ihre Soldaten »bei Laune zu halten«. Eine verheerende Wirkung in punkto Prostitution haben aber beispielsweise auch die UN-Friedenstruppen, die gar nicht in Kampfhandlungen verwickelt sind.

Zu Beginn des Vietnamkrieges 1957 gab es in Thailand schätzungsweise 18 000 bis 20 000 Prostituierte. 1964 und vier Militärbasen später waren es bereits 400 000. Die Militärbordelle wurden unter Aufsicht von Generälen eingerichtet. Und es ist kein Zufall, dass die ansonsten unattraktive Hotel- und Hafenstadt Pattaya, wo die US-Soldaten Kampfurlaub machten, bis heute Bangkok als Großbordell den Rang abläuft. Überall, wo nennenswerte Zahlen von Soldaten stationiert wurden, schossen Bordelle wie Pilze aus dem Boden. Dabei sind Soldaten nicht nur Freier, sondern Kriminelle unter ihnen organisieren auch Prostitution und Zwangsprostitution oder bringen die örtliche Prostitution unter ihre Kontrolle. Das war so etwa in Kambodscha, Bosnien und im Kosovo.[66]

»Menschenrechtsorganisationen sehen in der Stationierung von UN-Truppen die Ursache für stark steigenden Frauenhandel zur Zwangsprostitution in den jeweiligen Regionen. So war zum Beispiel der Kosovo seit Entsendung von ›internationalen friedenserhaltenden Kräften‹ (KFOR) und Einrichtung der Übergangsverwaltungsmission der Vereinten Nationen im Kosovo (UNMIK) zum Hauptziel für Frauen- und Mädchenhandel geworden und die Zahl an registrierten Etablissements, in denen Frauen als Zwangsprostituierte arbeiten müssen, kräftig gestiegen. Verschärft wird die Situation durch die Immunität der Soldaten, die sie im Falle von Menschenrechtsverletzungen vor gerichtlicher Verfolgung schützt.«[67]

Folgen der Vergewaltigung

Psychische Folgen von Vergewaltigungen

- Albträume, Schlafprobleme
- Panikattacken, Angstzustände
- Störung der Sexualität und des Verhältnisses zu Sexualpartnern
- Gleichgültigkeit, Depressionen
- Schuldgefühle
- Selbstverletzendes Verhalten
- Suizidversuche, Suizid

Es gibt physische und psychische Folgen einer Vergewaltigung. Physische (körperliche) Folgen unterteilen sich in unmittelbare Folgen wie Blutungen, Hämatome und Infektionen im Unterleib, aber auch Schwangerschaft oder aber eine Ansteckung mit einer Geschlechtskrankheit bis hin zu HIV und Langzeitfolgen wie Narben oder Unfruchtbarkeit. Nach der oben referierten Studie im Auftrag des Bundesfamilienministeriums von 2004 erlitten die Opfer folgende körperlichen Schäden: Prellungen (73 %), vaginale Verletzungen (32,7 %), andere innere Verletzungen (5,4 %), Knochenbrüche (2,3 %) und Fehlgeburten (3,5 %).

Psychische (seelische) Folgen sind unabhängig davon, ob es zu keinen, zu geringen oder zu schweren physischen Verletzungen kam, ja setzen auch ein, wenn das Opfer während der Vergewaltigung selbst betäubt war. Sogar in solchen Fällen werden oft psychosomatische Beschwerden festgestellt, etwa anhaltende Unterleibsschmerzen. Während der Tat haben viele Opfer Todesangst, die auch später wiederkehren kann, zudem fallen sie in einen Schockzustand. Die psychischen Folgen halten oft sehr lange an. Am häufigsten sind posttraumatische Belastungsstörungen. Einige Opfer finden ohne Betreuung mit der Zeit in ein normales Leben zurück, vielen gelingt es nur mit Hilfe von Gesprächen und Betreuung, andere kommen bis ins hohe Alter nie darüber hinweg. Bisweilen überlebt die Beziehung zum bisherigen Partner nicht oder aber die Frauen haben Mühe, sich auf einen neuen Partner einzulassen.

Besondere Opfer sind dabei Frauen, die durch Kriegsvergewaltigungen schwanger werden, nicht nur aufgrund ihrer eigenen Traumatisierung, die häufig ebenso stark eingeschätzt wird wie bei Folteropfern oder KZ-Überlebenden. Zudem finden sie in vielen Gesellschaften kaum Hilfe und Unterstützung, ja werden oft selbst als »Täterinnen« stigmatisiert oder als mitschuldig angesehen. Ihre Kinder tragen oft an dieser Bürde noch in der nächsten Generation schwer, sodass eine ganze Gesellschaft in Mitleidenschaft gezogen wird.

»Werden die Frauen durch die Kriegsvergewaltigungen schwanger, wird nicht nur die Gegenwart einer Gemeinschaft zerstört, sondern auch ihre Zukunft erzeugt, mit einer Generation von durch Vergewaltigung gezeugten Kindern und schwer traumatisierten Frauen. Überleben Frauen und Mädchen die meist ausgesprochen brutalen Vergewaltigungen im Krieg, so überschatten die Folgen ihr Leben meist nachhaltig, oftmals über das ganze Leben hinweg. Die Auswirkungen werden zutreffend mit denen von Folteropfern und KZ-Gefangenen verglichen und nach den statistischen Manualen psychischer Störungen (DSM, ICD) klassifiziert. Viele Opfer von Kriegsvergewaltigungen leiden unter einer posttraumatischen Belastungsstörung. Damit verbunden sind z. B. wiederkehrende und belastende eindringliche Erinnerungen, Gedanken, Wahrnehmungen und Träume, körperliche und psychische Belastungen bei der Konfrontation mit Reizen, die an die Vergewaltigung erinnern sowie Flashback-Episoden. Dabei versuchen die Opfer häufig, Gedanken, Gefühle oder Gespräche, die mit dem Trauma in Verbindung stehen, zu vermeiden wie auch Aktivitäten, Orte oder Menschen, die Erinnerungen daran wachrufen könnten. Das bedeutet häufig eine drastische Lebenseinschränkung. Viele Opfer fühlen sich von anderen Menschen entfremdet, haben das Gefühl einer eingeschränkten Zukunft und zeigen eine eingeschränkte Bandbreite des Affekts. Hinzu kommen häufig Schlafstörungen, Konzentrationsschwierigkeiten, übermäßige Wachsamkeit und Schreckhaftigkeit. Auch depressive Störungen, Sucht und Abhängigkeit, Persönlichkeitsveränderungen und dissoziative Störungen können Folgen von Kriegsvergewaltigungen sein … Vergleichende Studien analysieren, dass gerade erst beim Älterwerden und somit auch in Erwartung des eigenen Todes ein Rückblick auf Erlebtes sowie auf z. T. abgespaltene Traumata realisiert wird. In diesem Zusammenhang benötigen neben den Vergewaltigungsopfern aus jüngsten Kriegen insbesondere auch Vergewaltigungsopfer aus dem Zweiten Weltkrieg Unterstützung.«[68]

Auch wenn die Kriege oder Bürgerkriege beendet sind, tragen Frauen schwer an den Folgen. Handelt es sich um eine Besatzung oder dauert es lange, bis die Rechtsstaatlichkeit wiederhergestellt ist, ändert sich für sie oft wenig. Aber selbst wenn die Truppen abgezogen sind, sind Gewalt und Diskriminierung oft nicht beendet. Obwohl Frauen an den Vergewaltigungen völlig unschuldig sind, werden sie und ihre dabei gezeugten Kinder oft stigmatisiert oder sie tragen bleibende Krankheiten oder Behinderungen davon. Hinzu kommt, dass Frauen praktisch nie an Friedensverhandlungen und am politischen Wiederaufbau beteiligt sind – selbst die Vereinten Nationen haben noch nie eine Frau als Cheffriedensunterhändler eingesetzt –, dafür aber oft die Hauptlast der Wiederherstellung von Alltag und Familie tragen, man denke an die Berliner »Trümmerfrauen« nach dem Zweiten Weltkrieg. Und schließlich sind da die psychologischen Traumata, die auch bei als jungen Mädchen Betroffenen oft bis ins hohe Alter anhalten, ja manchmal im Alter sogar noch zunehmen.

Zwangsprostitution

Zwangsprostitution ist eine besonders schwere und dauerhafte Form der Vergewaltigung. Zwangsprostituierte sind wohl am ehesten mit Sklavinnen oder Leibeigenen zu vergleichen, die ihr Recht auf Selbstbestimmung an ihren »Besitzer« (oder Zuhälter) und ihre Kunden vollständig abgeben mussten.

Zwangsprostituierte »bedienen« in der Regel 20 bis 30 sogenannte »Kunden« am Tag bei 12 bis 14 Stunden Arbeitszeit ohne freie Tage oder Urlaub. Es sind aber auch viele Fälle mit längeren Arbeitszeiten und 60 bis 70 Kunden am Tag dokumentiert. Auch bei Krankheit, Menstruation oder Schwangerschaft gibt es keine Pause. Dazu kommen die Folgen von Misshandlung und Nahrungsentzug sowie von Geschlechtskrankheiten bis hin zu HIV/Aids als Folge fehlender Kondomnutzung.

Wer sich für die Gleichberechtigung der Frau einsetzt, nicht aber den weltweiten Handel von Frauen und Mädchen zur Prostitution anprangert, macht sich unglaubwürdig. Denn nirgends werden Frauen mehr entwürdigt und der Macht von Männern ausgeliefert, und das auch mitten in freien, demokratischen Ländern. Fast alle Länder der Erde haben harte Gesetze und Strafen gegen Vergewaltigung, Folter und Entführung. Zwangsprostitution umfasst alle drei Verbrechen gleichzeitig, wird aber viel nachlässiger behandelt, es wird kaum ermittelt und gelinde bestraft. Und auch den »Kunden«

müsste klar sein, dass sie sich mit großer Wahrscheinlichkeit an solchen Delikten beteiligen.

Eigentlich müsste die Gleichberechtigungsklausel im deutschen Grundgesetz allein Anlass dafür sein, den Kampf gegen Menschenhandel und Zwangsprostitution in Deutschland vehement zu führen und aufzustocken und zu einem der primären Ziele für Innen-, Arbeits- und Familienministerium zu machen. Denn nichts stellt die Gleichberechtigung mehr in Frage, als dass Millionen Männer täglich für eine geschäftsmäßig arrangierte Vergewaltigung bezahlen und sich für ein paar Euro das Recht erkaufen, Frauen so zu behandeln, wie sie wollen, oder sie zu erniedrigen und zu bedrohen, wie sie es im Internet oder in Filmen gesehen haben. Dass es Zwangsprostitution auch in Deutschland gibt, mag man kaum glauben. »Detlef Ubben ist Chef der Abteilung Menschenhandel beim Hamburger Landeskriminalamt, er schätzt: ›95 Prozent der Prostituierten sind Zwangsprostituierte.‹ Was bedeutet das? Ubben: ›Diese Frauen arbeiten nicht auf eigene Rechnung und nicht selbstbestimmt. Wenn sie sich verweigern, setzt eine brutale Gewaltkulisse ein.‹ Den Frauen blieben nur zehn Prozent des Lohnes.«[69]

In etlichen asiatischen Ländern wie Japan, China, Korea und Taiwan gilt Sex mit einer Jungfrau als das Höchste und soll Glück und wirtschaftlichen Erfolg bringen. Hinzu kommt noch die Angst vor Aids. Oft werden dieselben Mädchen dabei mehrfach als Jungfrau verkauft. Deswegen kaufen reiche »Kunden« die Mädchen oft direkt von den Eltern. Es sind Fälle bekannt geworden, in denen wohlhabende Japaner oder Chinesen mittellosen asiatischen Eltern seit der Geburt eines Mädchens den Lebensunterhalt bezahlen, um sie dann eines Tages als Jungfrau übernehmen zu können. In der Internetpornografie werden Frauen häufig als Jungfrauen für ihren angeblich ersten Sexualkontakt angeboten. Die häufige Nachfrage nach solchen »Angeboten« spricht für sich.

Die afrikanische Literaturnobelpreisträgerin Wole Soyinka nennt als Beispiel für Sklaverei das von der CNN-Journalistin

Christiana Ananpour enthüllte System in Ghana, nach dem ein Mädchen als Braut der Götter als Sklavin eines Priesters zu leben hat, bis sie nicht mehr schön ist. Der Priester schuldet ihr nichts, sie schuldet ihm alles, Vergewaltigung ist dabei die Regel.[70]

Gewaltpornografie

An dieser Stelle ist auch die – in Deutschland theoretisch verbotene – Gewaltpornografie, vor allem im Internet, zu nennen, ohne dass wir hier das Thema Pornografie ausführlicher aufgreifen wollen.[71] Leider wird immer noch tabuisiert, dass die darin enthaltene Botschaft der Verfügbarkeit der Frau für alle »Wünsche« alle Erfolge der Gleichberechtigung zunichtemacht, ohne dass sich ein nennenswerter Protest erhebt. Selbst dort, wo feministische Professorinnen eine Verbindung zwischen dieser Art Pornografie und Frauenmorden nachweisen, stehen sie in Gefahr, als »konservativ« oder »ewig gestrig« dazustehen und sich mit solchen Äußerungen leicht ins gesellschaftliche Abseits zu katapultieren.[72] Allein dass diese Aufnahmen meist nur durch Gewalt an realen Frauen zustande kommen, müsste einen gesellschaftlichen Aufschrei auslösen.

Kürzlich war einer von uns Autoren bei einer reißerisch aufgemachten Sat.1-Show »Eins gegen Eins«, in der zwei männliche Professoren gegen zwei bekannte Pornodarstellerinnen antraten und darüber diskutieren sollten, ob hoher Pornokonsum unser Verhalten ändert. Ich schoss mich in meiner Ablehnung ganz auf Vergewaltigungsdarstellungen im Internet ein. Die beiden Pornodarstellerinnen waren selbst hier nicht dazu zu bewegen, etwas Negatives über Pornografie zu sagen, es seien ja nur Spiele, Fantasien und wen das befriedige, der solle doch seinen Spaß haben. Und uns als Männern ginge es ja nur darum, Frauen den Spaß zu verbieten. Verkehrte Welt: Ein Soziologe und ein Sexualwissenschaftler kämpfen gegen die Verherrlichung von sexualisierter Gewalt, zwei Frauen verteidigen sie.[73] Die damals von uns gemachte Aussage wurde dadurch nur bestärkt: »Die Darstellung von Gewaltpornografie gegen Frauen kehrt alle Errungenschaften der Gleichberechtigung um. Frauen werden zum würdelosen Objekt, ihr ›Nein‹ zum Vorspiel. Doch die feministische Bewegung hat weiterhin recht: Bei Vergewaltigung und ihrer Darstellung geht es nicht um Sex, sondern um Gewalt und Macht über Frauen und Beherrschen von Frauen. Dagegen brauchen wir einen gesamtgesellschaftlichen Konsens, vor allem auch, dass wir dieses würdelose Frauenbild nicht Kindern und Jugendlichen hochemotional einbrennen wollen.«

Der Psychologe Herbert Selg, selbst Befürworter von Pornografie, hat die psychologischen Folgeprobleme der Pornografie im Auftrag des Pornomagazins »Penthouse« erforscht und fasste sie schon 1986 treffend zusammen: »Erotika statten männliche Modelle häufig mit besonders eindrucksvollen Genitalien und hervorragender Potenz aus. Wahrscheinlich werden damit bei jüngeren Menschen ohnehin verbreitete männliche Minderwertigkeitsgefühle bestärkt... Klinische Psychologen und Ärzte klagen – spricht man sie auf Pornographie an – über den Leistungsdruck, der aus den extremen Darstellungen in pornographischen Werken erwächst. Die Frauen werden in der Pornographie vergleichbar verzerrt dargestellt. Zunächst einmal werden ganz überwiegend nur Modelle gewählt, die auf das gegenwärtige Schönheitsideal der angesprochenen Käuferschicht abgestimmt sind; fototechnisch sind dabei viele ›Nachhilfen‹ möglich, so dass letztlich fast makellose und jugendliche Körper angeboten werden ... Darüber hinaus schildern pornographische Materialien das Verhalten und Erleben von Frauen nach dem Wunsch der produzierenden Männer: als stets sexuell ansprechbare Partnerinnen – oder als schnell verfügbar gemachte Sexualobjekte. Wahrscheinlich vergleichen Männer gewollt/ungewollt ihre Partnerinnen im Alltag mit den Porno-Modellen. Dies kann zu abwegigen Erwartungen bezüglich weiblicher Attraktivität und Sexualbereitschaft führen.«[74]

Harte Pornografie bzw. Internetpornografie macht viele Konsumenten aggressiv – vor allem gegenüber Frauen – beziehungsweise steigert vorhandene Aggressionen, da Pornografie oft nicht die einzige Ursache dafür ist. Wenn zur Darstellung der sexuellen Akte noch Gewalt hinzutritt, gilt dies in vermehrtem Maße. Viele Untersuchungen[75] haben gezeigt, dass Pornografie unter bestimmten Umständen aggressives Verhalten fördert. Wird Menschen, die bereits aggressiv sind, pornografisches Material gezeigt, steigert sich ihre Aggressivität in der Regel. Sex und Gewalt im »normalen« Kinofilm steigert die Bereitschaft und den Wunsch, Gewalt gegen Frauen anzuwenden, und zwar mit oder ohne sexuelle Handlungen. Diane E. H. Russell verweist auf Neil Malamuths Gutachten für den Generalstaatsanwalt der USA, wonach aufgrund einer Studie 10 Prozent der männlichen Studenten von Pornografie mit extremer Gewalt und Blut und geringen sexuellen Elementen erregt wurden, 20 bis 30 Prozent von Filmen, in denen die Frau nur Ablehnung, keine Zustimmung zeigte, 50 bis 60 Prozent, wenn das Vergewaltigungsopfer am Ende doch zustimmte.[76]

Harte Pornografie ohne und mit Gewalt steigert die von Männern selbst zugegebene Vergewaltigungsbereitschaft, wie viele Untersuchungen gezeigt haben.[77] Insbesondere bringt sie den »Vergewaltigungsmythos« hervor oder verstärkt ihn. Der englische Begriff »rape myth« (Vergewaltigungsmythos) wurde 1980 von Martha R. Burt geprägt, inhaltlich beschrieben und belegt.[78] Was besagt die »Vergewaltigungsmythologie«? Kurz gesagt: Frauen, die vergewaltigt werden, finden am Ende Gefallen daran.[79] Eine gute Darstellung finden wir wieder bei dem Psychologen Herbert Selg, der im Auftrag des Pornomagazins »Penthouse« die Vergewaltigungsmythologie beschrieb.

Der Vergewaltigungsmythos besagt:

Über die Opfer/Frauen:

»(1) Alle Frauen wollen (eigentlich) vergewaltigt werden. Sie genießen Vergewaltigungen.

(2) Keine Frau kann gegen ihren Willen vergewaltigt werden. Nur ›schlechte‹ Frauen werden vergewaltigt bzw. können vergewaltigt werden.

(3a) Frauen beschuldigen zum Beispiel dann einen Mann zu Unrecht der Vergewaltigung, wenn er ihnen den Laufpass geben will.

(3b) Frauen beschuldigen zu Unrecht einen Mann, wenn sie etwas anderes zu verbergen haben (wenn sie zum Beispiel bei einem Seitensprung in flagranti erwischt werden).«

Über die Täter/Männer:

»(1) Männer, die eine Vergewaltigung begehen, sind krank.

(2a) Männer, die eine Vergewaltigung begehen, sind sexuell ausgehungert.

(2b) Männer, die eine Vergewaltigung begehen, haben einen so starken Sexualtrieb, dass sie kaum anders können.

Die Funktion solcher Thesen ist klar: Sie entschuldigen die Täter und beschuldigen die Opfer.«[80]

»Frauenfeindliche Werbung ist strukturelle Gewalt«

Frauenfeindliche Werbung allein kann als Gewalt gegen Frauen interpretiert werden. Wenn unter Zuhilfenahme von leicht bekleideten, schlanken, jungen Frauen mit perfektem Aussehen die Aufmerksamkeit für ein Produkt und dessen Verkauf gesteigert werden soll, dann ist das aus der Sicht von Frauenrechtlerinnen nicht nur eine Illusion, sondern eine Herabsetzung von Frauen.

»Werbung gibt gesellschaftliche Rollenbilder weiter und zeigt uns, wie Frauen und Männer angeblich zu sein haben. Bereits Kinder werden früh von diesen Bildern geprägt. Besonders die Darstellung von spärlich bekleideten Frauen wird gerne genutzt, um auf ein Produkt aufmerksam zu machen, das meist in keinem inhaltlichen Zusammenhang mit dem Frauenkörper steht. Unter dem Motto ›Sex sells‹ sollen mithilfe von teilweise pornographischen Darstellungen Elektronik, Autos oder andere Produkte verkauft oder sogar Spenden für Hilfsorganisationen generiert werden. Aber nicht nur die Reduzierung des weiblichen Körpers auf ein sexuelles Objekt ist diskriminierend, sondern auch die klischeehafte Darstellung von Frauen und Männern. Sie trägt dazu bei, dass Rollenbilder gefestigt, Vorurteile reproduziert und die heteronormative Norm gefestigt werden. Diese Normierung von Seiten der Gesellschaft kann von Einzelnen durchaus als eine Form der Gewalt empfunden werden – insbesondere dann, wenn sie mit Abwertung und Ausgrenzung verbunden ist und somit Machtverhältnisse reproduziert. So stellt zum Beispiel das Nicht-Vorkommen von anderen Rollenbildern bzw. die Nicht-Darstellung von anderen sexuellen Identitäten eine Form der Ausgrenzung dar. Eine Abwertung findet zum Beispiel statt, wenn Frauen auf ein sexuelles Objekt reduziert werden, der weibliche Körper als ein allzeit verfügbares Produkt dargestellt wird, welcher entweder nackt oder leicht bedeckt vor der Kamera posiert und dabei in aufreizender Körpersprache kundtut, dass Frauen käuflich sind, dass Frauen sexy sind. Sexistische Werbung bedeutet, dass Frauen reduziert werden auf ihre Schönheit, explizit auf bestimmte Körperteile. Anhand der Darstellung von Frauen in der Werbung wird der gesellschaftlich latente allgegenwärtige Sexismus besonders deutlich: Sexistische Werbung setzt männliche Dominanz, Heterosexualität und Zweigeschlechtlichkeit als gesellschaftliche Norm voraus.«[81]

Weibliche Genitalverstümmelung

Die weibliche Genitalverstümmelung (Englisch »FGM« für »Female Genital Mutilation«), verharmlosend oft »Frauenbeschneidung« genannt, gehört zu den düstersten Kapiteln der Frauenunterdrückung überhaupt. »Aktuellen Angaben von Unicef zufolge leben weltweit mehr als 140 Millionen Mädchen und Frauen, die an ihren Genitalien verstümmelt wurden. Jedes Jahr werden erneut etwa drei Millionen Mädchen Opfer dieser Praktik: das sind 8 000 jeden Tag! Und auch in Deutschland sind Mädchen dem Risiko ausgesetzt, heimlich hierzulande oder im Ausland an ihren Genitalien verstümmelt zu werden«,[82] schreibt Terre des Femmes.

Vermutlich stammt die grausame Sitte, Mädchen in jungen Jahren bzw. vor Eintritt der Pubertät einen Teil oder die gesamten äußeren Geschlechtsorgane zu entfernen (Klitoris und/oder äußere und innere Schamlippen) und die Scheide bis auf eine kleine Öffnung zu vernähen, aus Afrika, wo sie bereits zur Zeit der Pharaonen praktiziert worden sein soll. Mit dem Aufkommen des Islam blieb sie in einigen afrikanisch-islamischen Kulturen bis heute erhalten und wird dort meist mit dem Islam und der Notwendigkeit des Erhalts der Jungfräulichkeit der Frau begründet. In Ägypten, (Nord-) Sudan, Mali, Somalia, Guinea und Sierra Leone sind über 90 Prozent der Mädchen beschnitten.[83] Die Auffassung, dieser Eingriff sei notwendig, ist dort so durchgängig verbreitet, dass Mädchen andernfalls kaum eine Möglichkeit hätten, zu heiraten; sie werden verspottet, ausgegrenzt und ihre Eltern unter großen gesellschaftlichen Druck gesetzt. Will eine Mutter ihre Töchter dennoch vor der Beschneidung bewahren, werden die Mädchen nicht selten von anderen Frauen entführt und gewaltsam der Beschneidung unterzogen.

Die vorwiegend unter äußerst primitiven medizinischen Umständen und ohne Betäubung durchgeführten Verstümmelungen kosten jährlich zahlreiche Todesopfer; die Zahl der lebenslang mit Komplikationen kämpfenden und traumatisierten Opfer dieser grausigen Misshandlung ist nicht einmal zu schätzen. Die Weltgesundheitsorganisation (WHO) geht von rund 100 Millionen beschnittener Frauen und Mädchen im Alter von über zehn Jahren aus. Durch die Migration ist die FGM auch nach Europa gekommen; hier werden Mädchen aus einigen afrikanischen Ländern durch eingeflogene Beschneiderinnen bzw. Besuche in ihren Heimatländern diesem Ritual unterzogen. Die Zahl der betroffenen oder gefährdeten Mädchen wird in Deutschland auf rund 30 000 geschätzt.

Die Arabellion hat in Ägypten nicht etwa dazu geführt, dass im Namen der Menschenrechte der Frauen die Genitalverstümmelung weiter geächtet und reduziert wird, sondern dazu, dass die islamistischen Machthaber sie wieder legalisieren wollen. Während am 20. 12. 2012 die Vereinten Nationen eine Resolution gegen diese Praxis verabschiedeten, verharmlosen Theologen in Ägypten diese Praxis, von der viele selbst sagen, dass der Islam sie nicht vorschreibe und von der der Großmufti der Al-Azhar-Universität 2006 sagte, sie sei ein Verbrechen.[84]

Mögliche Folgen der weiblichen Genitalverstümmelung

- Geringere sexuelle Erregbarkeit
- Schmerzen bei Sexualität und beim Wasserlassen
- Infektionsanfälligkeit im Unterleib
- Zysten im Unterleib
- Unfruchtbarkeit
- Komplikationen bei der Geburt bis hin zur Fehlgeburt
- Notwendigkeit von Folgeoperationen
- Tod

2. Unterdrückung und Entwürdigung

Haushaltssklaverei

Die Haushaltssklaverei ist ein weiteres Gebiet der Unterdrückung von Frauen, die in vielen Ländern der Erde unterbezahlt oder unbezahlt viele Stunden täglich für ihre Arbeitgeber schuften müssen. Sie leben häufig in der Illegalität, haben keine Krankenversicherung, sind nicht selten Übergriffen ihrer Arbeitgeber ausgesetzt, gegen die sie sich oft nicht wirksam zur Wehr setzen können, und sind aufgrund ihrer Rechtlosigkeit deren Willkür vollkommen ausgeliefert, insbesondere, wenn diese ihre Papiere einbehalten. Hinzu kommt in vielen Fällen die sexuelle Ausbeutung dieser Mädchen und Frauen. Die UN schätzte 2004 die Zahl der Sklaven in Haushalten auf 10 Millionen.

Die Neue Züricher Zeitung schreibt zu einer Entschließung der parlamentarischen Versammlung des Europarates zur Lage in Europa: »Bei den Opfern handelt es sich vorwiegend um Frauen, die in Privathaushalten beschäftigt sind. Sie sind eingewanderte Haushaltskräfte, Au-pair-Mädchen oder sogenannte Katalog-Frauen. Die meisten verlassen die Heimat zunächst aus freiem Willen, weil sie Armut und Elend in ihren Herkunftsländern entrinnen wollen. Andere gelangen nach Europa, indem sie durch ihre Arbeitgeber oder durch Agenturen entweder getäuscht, in Schulden verstrickt oder sogar regelrecht verkauft werden. Haben sie ihre Arbeit einmal aufgenommen oder auch einen als Kunde auftretenden Mann geheiratet, sind sie abhängig und isoliert. Sie werden dann zu Sklavinnen degradiert; bis zu 18 Stunden Zwangsarbeit im Haushalt ohne eigenes Zimmer und ohne ärztliche Versorgung sind keine Ausnahme. Besonders im diplomatischen Umfeld sind diese Schicksale brutale Wirklichkeit und alles andere als Einzelfälle.«[85]

Die Internationale Gesellschaft für Menschenrechte berichtet beispielsweise über den Libanon: »In über hunderttausend

Haushalten des Libanons schuften asiatische und afrikanische Haushälterinnen für 100 bis 200 Dollar im Monat. Ihre rechtliche Lage ist prekär, Misshandlungen sind keine Seltenheit. Das Problem für die Frauen ist, dass sie illegal sind, sobald sie ihre Vertragsfamilie verlassen. Ihre Aufenthaltsgenehmigung ist an ihren Arbeitsvertrag gekoppelt. ›Wenn eine Frau von ihrem Arbeitgeber wegläuft, hat sie keine Aufenthaltsgenehmigung mehr‹, erzählt Roukoss. Zudem behalten die Arbeitgeber die Ausweispapiere der Frauen als Sicherheit ein. Einer Umfrage der Caritas aus dem Jahr 2005 zufolge verfahren 90 % der libanesischen Familien mit Maids nach diesem Muster. So sind die Frauen ihren Arbeitgebern de facto ausgeliefert. Diese unsichere Situation der Frauen macht sie besonders verwundbar für Menschenrechtsverletzung. 71 % der Libanesen, die Haushaltshilfen einstellen, sind der Meinung, sie dürften die Bewegungsfreiheit der Frauen eingrenzen. 73 % gaben 2005 an, den Kontakt der Frauen zu ihren Familien zu regulieren und zu begrenzen. Zwar geben nur 2 % der Befragten an, dass sie das Recht haben, ihre Maid körperlich zu bestrafen. In der gleichen Umfrage geben jedoch 31 % an, dass sie ihre Haushälterin dennoch schlagen, wenn diese ihren Anweisungen nicht folgt.«[86]

Frauenhandel

Mit dem Menschenhandel beschäftigt sich ein eigener Band in der Reihe *kurz und bündig.*[87] Hier kann das Thema leider nur skizziert werden. 80 Prozent aller von Menschenhandel betroffenen Personen sind weiblich. Frauen lassen sich als »Handelsware« flexibler verwenden, sind durch Gewalt besser in Schach zu halten und werden aufgrund ihres geringeren Status in ihren Herkunftsländern eher an Menschenhändler verkauft. Zudem sind für die Zwangsprostitution eher Mädchen und Frauen für heterosexuelle Kontakte gefragt als Jungen für homosexuelle Kontakte.

Gemäß der Webseite des für die weltweite Verbrechenserfassung zuständigen Büros der Vereinten Nationen für Drogen-

und Verbrechensbekämpfung (UNODC) landen etwa 80 Prozent der Opfer von Menschenhandel in der Zwangsprostitution. 79 Prozent der Opfer von Menschenhandel sind Mädchen.

Die zur UN gehörige Internationale Organisation für Migration (IOM) mit Sitz in Genf schätzt, dass jährlich etwa eine halbe Million Frauen und Kinder aus Ost- und Mitteleuropa nach Westeuropa gehandelt werden.

Doch die Öffentlichkeit interessiert das Thema wenig. Als der Fernsehmoderator Michel Friedman 2003 im Zuge von Ermittlungen gegen Frauenhandel in flagranti zusammen mit mehreren Zwangsprostituierten aus der Ukraine verhaftet wurde, war die Aufregung über seinen Kokainkonsum viel größer als darüber, dass ihm eine kriminelle Vereinigung Frauen zwangsweise zugeführt hatte. Friedman entschuldigte sich bei der Öffentlichkeit, seiner Freundin und allerlei anderen, doch bei den Zwangsprostituierten entschuldigte er sich trotz Aufforderung öffentlich nie.[88]

Selbst der Umstand, dass Menschenhandel oft Terrorismus finanziert, scheint kaum Interesse zu finden. Die Taliban verschleiern ihre eigenen Frauen, aber handeln mit Mädchen und Frauen anderer Völker oder verschenken Frauen als Dank an verdiente Kämpfer. Die türkische PKK oder die nahöstliche Hisbollah finanzieren ihre terroristischen Aktivitäten auch durch Drogen- und Menschenhandel. Ein Führer der islamischen Hisbollah leitete einen Menschenhändlerring per Handy von einem Wiener Gefängnis aus. Seine Handlanger hatten keine Ahnung, für wen sie das Geld erwirtschafteten.

Eine besonders perfide Art der Ausbeutung von Frauen ist ihre Verwendung in sogenannten Flatrate-Bordellen: »›Sex mit allen Frauen, so lange Du willst, so oft Du willst und wie Du willst‹ – so warb die Bordellkette ›Pussy-Club‹ mit ihren Etablissements in Fellbach (bei Stuttgart), Heidelberg, Berlin und Wuppertal für sogenannten Flatrate-Sex. Ab ... müssen sich die Zuhälter dieser Bordelle vor der 10. Großen Wirtschaftsstrafkammer des Landgerichts Stuttgart verantworten ... Seit

2004 sollen die zehn Angeklagten regelmäßig junge Rumäninnen nach Deutschland gebracht haben, um sie unter ihrer Kontrolle als Prostituierte arbeiten zu lassen … Die 22 Rumäninnen, die Opfer des Menschenhandelsrings wurden, kamen nach Deutschland, um Geld zu verdienen. Dass ›Geld verdienen‹ jedoch bedeutet, bis zu 60 Freier in bis zu 14 Stunden pro Tag zu bedienen – das hat wohl keine der Frauen geahnt. Viele der Frauen waren zu dieser Zeit noch nicht 21 Jahre alt … ›Vor der Tür des Fellbacher Pussy-Clubs standen am Wochenende mehr Typen Schlange als vor der besten Disco in Stuttgart‹, sagt der Waiblinger Anwalt Jens Rabe … Manchmal habe eine Frau doch nicht alles mit sich machen lassen, obwohl die Bordellkette das den Kunden versprochen habe. Wenn sich ein Gast deshalb beschwerte, sei der Prostituierten zur Strafe das Wochengehalt gestrichen worden. Das Gehalt der Frauen betrage zwischen 350 und 1 000 Euro.«[89]

Zwangsehe

Eheschließungen, bei denen Frauen kein Mitspracherecht besitzen und statt *mit* ihnen nur *über* sie verhandelt wird, stellen eine schwere Menschenrechtsverletzung und eine besonders schwere Form der Nötigung dar. Kommt es zur Eheschließung, ziehen sie oft fortdauernde Vergewaltigungen nach sich.

Die Zwangsehe ist heute aus den islamisch geprägten Ländern besonders bekannt, vor allem im Nahen Osten und in Südostasien (zum Beispiel Pakistan, Afghanistan) und wird durch die Migration auch in westlichen Einwanderungsländern zum Problem. Aber auch in Kulturen, die durch das Christentum, Judentum oder den Hinduismus geprägt wurden, sind oder waren arrangierte Ehen oder auch Zwangsehen eine bekannte Erscheinung. Auch in der buddhistischen oder jesidischen Kultur werden sie praktiziert. In Europa gehörte die arrangierte Ehe lange Zeit unter Angehörigen des Adels zur weitverbreiteten Praxis und das auch innerhalb der oberen Bildungsschichten. Von den Eltern arrangierte Ehen trifft man im Nahen Osten bei christlich und bei islamisch geprägten Bevölkerungsgruppen an. Die Grenze zwischen arrangierter Ehe und Zwangsehe ist häufig fließend, nämlich dann, wenn die Initiative zur Eheschließung von der Familie ausgeht und die Zustimmung der Betroffenen nicht nur erwartet wird, sondern auch kaum eine Möglichkeit zur Ablehnung der Familienpläne besteht. Eindeutig um Zwangsehen handelt es sich in jedem Fall dort, wo die Beteiligten die Ehe unmissverständlich ablehnen, sie mit Gewalt zur Eheschließung gezwungen werden oder als Kinder gar nicht selbst entscheiden können.

Zum Fortbestehen der Zwangsehen im Nahen Osten und in Südostasien trägt nicht nur die patriarchalisch geprägte Kultur und die schariarechtliche Gehorsamsforderung für Frauen bei oder die Tradition, die dem Vater, Großvater, Bruder oder Onkel ein Bestimmungsrecht über die Frau einräumt, sondern auch die vom Kollektivdenken bestimmte Gesellschaft, die individuelle Wünsche in vielen Fällen wenig berücksichtigt. Hinzu kommt eine besondere Ehrauffassung, nach der das Verhalten der Frau (insbesondere, wenn sie einen von den Eltern ausgesuchten Ehekandidaten ablehnt oder eigene Ehewünsche vorbringt) die Ehre des Mannes – also sein gesellschaftliches Ansehen – bzw. das Ansehen der ganzen Familie gefährdet oder zerstört.

Zwar soll im Islam nach schariarechtlichen Vorgaben die Braut nach ihrem Einverständnis bei der Eheschließung gefragt werden. Allerdings bestimmt das Schariarecht auch, dass eine Frau ihrem Vater oder Ehemann gehorsam sein soll. Traditionell bahnt die Familie des Bräutigams die Eheschließung an und die Familie der Braut stimmt dann zu (eine eigenständige Suche der Braut nach einem Ehekandidaten ist also im traditionellen Rahmen gar nicht vorgesehen). Dort werden sich meist die Eltern über die Köpfe der Brautleute hinweg einig, ohne dass diese die echte Möglichkeit haben, die Ehe abzulehnen, geschweige denn, selbst nach einem Partner auf die Suche zu gehen. Frauen sind in vielen islamisch geprägten

Gesellschaften zudem nur begrenzt rechtsfähig und benötigen für den Abschluss eines Ehevertrags die Zustimmung ihres Vormunds, können also de facto kaum ohne Zustimmung männlicher Verwandter die Ehe eingehen. In laizistisch geprägten islamischen Ländern wie der Türkei und Indonesien sieht es hier etwas besser aus.

Positiv zu vermerken ist, dass das Phänomen der Zwangsehe heute weltweit mehr Aufmerksamkeit erhält. Auf der UNO-Welt-Konferenz des Jahres 2000 in Peking wurden Zwangsehen zum ersten Mal als Verletzung der Menschenrechte anerkannt.[90] Auch einige islamisch geprägte Länder haben Gesetze gegen Zwangsverheiratungen erlassen, so zum Beispiel die Türkei – was allein aber noch nicht deren Umsetzung und die Ausmerzung der Zwangsehe garantiert. In Deutschland wurden Zwangsehen 2011 im Paragraf 237 des Strafgesetzbuches als eigener Straftatbestand ins Strafrecht aufgenommen.[91]

Verlässliche deutschlandweite Statistiken zur Zahl der arrangierten Ehen oder Zwangsehen in westlichen Ländern existieren nicht; in einzelnen Städten wie Berlin oder Hamburg werden allerdings mehrere Hundert Fälle pro Jahr dokumentiert, zu denen nach Auffassung von Menschen- und Frauenrechtlerinnen noch eine möglicherweise hohe Dunkelziffer hinzuzurechnen ist. Nach Erstellung mehrerer Studien wie etwa seitens der Berliner Senatsverwaltung oder des Bundesministeriums für Familie, Senioren, Frauen und Jugend mit einer Datenerhebung aus 1 500 Beratungseinrichtungen und dort Hilfe suchenden 3 443 Personen,[92] von denen sich 60 Prozent wegen Zwangsheirat an eine Beratungsstelle gewandt hatten, schwanken die einschlägigen Schätzungen für die Zahl der Zwangsheiraten zwischen 10 Prozent aller Ehen mit Migrationshintergrund und 50 Prozent aller nach Deutschland einreisenden Türkinnen.[93] Die Zahlen zwangsverheirateter Männer sind statistisch bisher nirgends erfasst.

Motive von an Zwangsheirat Beteiligten

- Finanziell-materielle Interessen, zum Beispiel Brautgeld, Mitgift, Erbschaft
- Söhne und Töchter westlich geprägter Länder sollen mit einem Partner aus dem Herkunftsgebiet oder der Herkunftsreligion/-kultur verheiratet werden, um Verwestlichung zu verhindern (zum Beispiel in Deutschland aufgewachsene Türkischstämmige bekommen eine Frau aus Anatolien)
- Angst der Familien vor Verlust der »Ehre«, zum Beispiel wegen dem möglichen Verlust der Jungfräulichkeit
- Aufenthaltsgenehmigung in einem EU-Land oder einem westlichen Land
- Bekämpfung von Homosexualität, das heißt homosexuell fühlende Kinder werden verheiratet oder Kinder sollen vor solchen Gefühlen geschützt werden

Eine spezielle Form der Zwangsheirat ist der Mädchenraub. Ihn gibt es im Einzelfall, etwa wenn islamistische Kräfte in Ägypten koptisch-christliche Mädchen entführen und an – meist ältere – muslimische Männer verheiraten, oder im gehäuft auftretenden Fall, wenn nach einem Krieg oder Bürgerkrieg die Mädchen des Gegners verschleppt und zwangsverheiratet werden.

Kinderheirat

Kinderheiraten sind in vielen Teilen der Welt bekannt und unter ärmeren, ländlichen, traditionell geprägten Bevölkerungsteilen besonders verbreitet.[94] »UN Women« schätzt, dass weltweit 60 Millionen Mädchen unter achtzehn Jahren jährlich als Kinderbräute verheiratet werden, 31,1 Millionen davon in Südasien, 14,1 Millionen in Afrika südlich der Sahara.

Oft ist Armut ein Motiv: Entweder sind die Eltern froh, die Tochter nicht mehr versorgen zu müssen, oder aber es profitiert die ganze Familie von der Eheschließung und die Tochter opfert sich gewissermaßen für die Familie. Prostitution wäre dann die noch schlimmere Alternative.

In islamisch geprägten Gesellschaften tritt zur Armutsproblematik auch die Sorge um den guten Ruf der Familie hinzu, wodurch die Jungfräulichkeit der Tochter bewahrt werden muss. Dazu kommt, dass Muhammad, dessen Leben für Muslime das zentrale Vorbild darstellt, nach den verbindlichen Überlieferungstexten eine sehr frühe Eheschließung mit seiner Lieblingsfrau, Aischa, vollzog – einige Überlieferungen sprechen davon, dass Aischa bei der eigentlichen Eheschließung erst neun Jahre alt war. Es ist für Muslime sehr schwierig, das nach Auffassung der Theologie unhinterfragbare Vorbild Muhammads an dieser Stelle grundsätzlich außer Kraft zu setzen, daher haben viele orthodox-islamische Theologen die prinzipielle Möglichkeit sehr früher Eheschließungen befürwortet. Andere Theologen sind der Auffassung, dass Aischa bei ihrer Eheschließung mit Muhammad bereits 16 oder 17 Jahre alt gewesen sei; andere, fortschrittlich denkende, dass man heute entsprechende Anpassungen an die gesellschaftlichen Verhältnisse vornehmen müsse.

Zwar haben zahlreiche islamisch geprägte Länder das Mindestheiratsalter in den letzten Jahrzehnten angehoben. So setzte Tunesien bereits 1956 das Heiratsalter auf 15 Jahre hoch, 1964 auf 17 Jahre. Im Jahr 2007 wurde dann das Heiratsalter mit 18 Jahren an das der Männer angeglichen. Der Anteil der unter 20-Jährigen ist dadurch laut »UN Women« und UNICEF von der Hälfte im Jahr 1960 auf drei Prozent im Jahr 2004 zurückgegangen.[95]

Dennoch schützt die Gesetzgebung allein nicht wirksam vor der Frühverheiratung, wenn ein traditionell-ländliches Umfeld, geringe Bildungs- und Entscheidungsmöglichkeiten mit Armut und Patriarchalismus Hand in Hand gehen. So war im

April 2008 der Fall eines damals achtjährigen jemenitischen Mädchens bekannt geworden, das vor Gericht die Scheidung von ihrem 22 Jahre älteren Mann durchsetzen konnte, mit dem sie zwangsverheiratet worden war. Sie musste jedoch eine hohe Kompensation an ihren Ehemann bezahlen.[96] Auch aus den Golfländern und Saudi-Arabien werden immer wieder Eheschließungen von älteren Männern mit sehr jungen Mädchen bekannt. Das hat gesundheitliche Schäden bei den jungen Müttern zur Folge; bei zu enger Verwandtschaft steigt zudem das Risiko von Behinderungen an.

»In Südasien ist die Kinderheirat vor allem in ländlichen Bereichen nach wie vor verbreitet, obwohl sie gesetzlich verboten ist. Die Abschaffung der Kinderheirat war ein Anliegen vieler indischer Sozialreformer wie Ram Mohan Roy, Ishwar Chandra Vidyasagar und Mahatma Gandhi. Bereits 1929 wurde mit dem Child Marriage Restraint Act ein Gesetz verabschiedet, das für Mädchen ein Heiratsalter von mindestens 18 Jahren und für Jungen von 21 Jahren vorschreibt. Nach Angaben des *Rapid Household Survey*, der in ganz Indien durchgeführt wird, wurden im Bundesstaat Bihar 58,9 % der Frauen vor Erreichen des 18. Lebensjahrs verheiratet, in Rajasthan 55,5 %, in Westbengalen 54,9 %.«[97]

3. Mord an Frauen

Ehrenmorde

Zwar findet in der islamischen Theologie der »Ehrenmord« keine Grundlage. Der Koran äußert sich nicht zu diesem Thema, erst recht ordnet er nicht den Ehrenmord an, dennoch ereignen sich Ehrenmorde heute vor allem in islamisch geprägten Gesellschaften. Hier werden, besonders im ländlichen, traditionellen Bereich, streng definierte und mit religiösen Anordnungen begründete Normen für Mann und Frau im Kollektiv überwacht und Grenzüberschreitungen vor allem Frauen als Übertretung zur Last gelegt. Sie sind die ersten Opfer von Bestrafungsaktionen, meist durch Freiheitsentzug oder, im extremsten Fall, durch Ehrenmord.

Anfang des Jahres 2005 kam eine junge Frau türkischer Herkunft auf diese Weise mitten in Berlin zu Tode. Ihre Familie hatte Hatun Sürücü zur Last gelegt, dass sie allein lebte, »wie eine Deutsche«. Sie starb durch die Hand ihres Bruders auf offener Straße – aus Gründen der »Ehre«. Mehrere Dutzend Fälle sind in Deutschland offiziell bekannt; etwa 5 000 Fälle sollen es jährlich weltweit sein; die Dunkelziffer ist vermutlich um einiges höher. Althergebrachte Normen der Stammesgesellschaften sind dabei ebenso Grundlage wie eine rigide Beachtung von Traditionen in dem Wunsch, die eigene Familie und ihre Ehre zu »schützen«. Der Entscheidungs- und Bewegungsspielraum der Frauen wird stark eingegrenzt und bei Verstößen durch zu viele »Freiheiten«, die sich die Frau erlaubt, kann sie durch den Einsatz von Gewalt bestraft oder sogar durch die eigene Familie umgebracht werden. Es kommt auch vor, dass Männer Opfer von Ehrenmorden werden, wenn sie extrem gegen die kulturell-religiös definierten Normen verstoßen haben (und zum Beispiel ihre Homosexualität offensichtlich wurde).

Eine Studie zu Ehrenmorden des Max-Planck-Instituts für ausländisches und internationales Strafrecht in Freiburg im Breisgau im Auftrag des Bundeskriminalamtes[98] untersuchte alle Prozessakten und Medienberichte zu bekannt gewordenen Ehrenmorden in Deutschland von 1996 bis 2005. Demnach waren von den 122 Tätern 113, also 93 Prozent, männlich, 9 waren weiblich. Von den 109 Opfer waren 47 (43 %) männlich und 62 (57 %) weiblich. Das entspricht Untersuchungen etwa in der Türkei, dass die Täter zwar überwiegend Männer sind, die Opfer aber oft gleichermaßen Frauen und Männer.

Ehrenmorde werden meist als Unfall oder Selbstmord verschleiert, selbst in Rechtsstaaten wie Deutschland. In Staaten, wo die Öffentlichkeit oder gar die Justiz Ehrenmorde teilweise billigt, ist dies natürlich noch viel einfacher möglich. Positiv zu vermerken ist, dass in Deutschland Ehrenmorde und Zwangsheirat heute vermehrt Aufmerksamkeit erfahren und etliche Institutionen Hilfestellung für Betroffene anbieten.

Eine besondere Form der Ehrenmorde sind Mitgiftmorde. Das regionale Informationszentrum der UN für Westeuropa (UNRIC) schreibt dazu: »Von einem Mitgiftmord spricht man dann, wenn eine Frau von ihrem Mann oder ihren Schwiegereltern getötet wird, weil die Braut die Mitgiftforderungen nicht erfüllen kann. Die Mitgift ist eine Zahlung, die die Familie der Frau an die Familie des Mannes bei der Verlobung oder Hochzeit als Geschenk leisten muss. Nicht selten übersteigt die Mitgift das Jahreseinkommen einer ganzen Familie. Die Einrichtung der Mitgift oder ähnlicher Zahlungen gibt es in vielen Kulturen weltweit. Morde wegen unzureichender Mitgiftzahlung kommen vor allem in Südasien vor.«[99]

In Indien wurden gemäß einer Untersuchung im Jahr 2007 jeden Tag 22 Frauen im Zusammenhang mit Streitigkeiten über die Mitgift getötet.

Steinigung

Eine Steinigung ist nach traditionellem islamischem Strafrecht für verheiratete Ehebrecher/innen vorgesehen. Bedingung sind nach Auffassung der meisten Rechtsgelehrten jedoch vier männliche Augenzeugen oder ein Geständnis der Betroffenen – Bedingungen, die so gut wie niemals zu erfüllen sein dürften. Manche Theologen sind der Auffassung, dass einem Steinigungsopfer Gelegenheit zur Flucht gegeben werden sollte. Auch ist das schariageprägte Strafrecht in den meisten islamisch geprägten Ländern nicht in Kraft.

Ausnahmen bilden allerdings einige Länder wie der Iran, der nach der Islamischen Revolution 1979 die Scharia als Rechts- und Gesetzesgrundlage in vollem Umfang wieder einführte, oder auch Saudi-Arabien, das überhaupt kein kodifiziertes

Strafgesetzbuch besitzt und die Richter allein nach Koran und Überlieferung (arab. Sunna) Recht sprechen lässt. Auch aus Afghanistan oder dem nördlichen Sudan sind Anklagen wegen Ehebruch und entsprechende Strafaktionen bekannt sowie aus einigen weiteren Ländern wie den nördlichen Bundesstaaten Nigerias.

Im Iran erhielten Frauen in dem sich am Westen orientierenden Schah-Regime 1963 alle politischen Rechte. 1967 wurden die letzten Schariarechte im Familienrecht von einem modernen staatlichen Recht abgelöst, Frauen bekamen Zugang zu allen Berufen und staatlichen Ämtern. Der Anteil der Frauen an Hochschulen gehörte im Iran in den 1970er-Jahren zu den höchsten der Welt. 1979 wurden all diese rechtlichen und tatsächlichen Fortschritte beseitigt und nicht nur jede Frau wieder rechtlich einem Mann unterstellt, sondern auch die Steinigung wieder eingeführt. Bezeichnenderweise werden bei Ehebruch praktisch immer nur die Frauen, nicht die daran beteiligten Männer gesteinigt.[100]

Offizielle Steinigungsurteile oder Steinigungen ohne Urteil sind in den vergangenen Jahren nach Angaben der Internationalen Gesellschaft für Menschenrechte aus Afghanistan, Iran, Irak, Jemen, Nigeria, Pakistan, Saudi-Arabien, Somalia, Sudan und den Vereinigten Arabischen Emiraten bekannt geworden, von Einzelfällen in einigen anderen Ländern abgesehen, die für das Land untypisch sind. Die Steinigung findet sich in den Strafgesetzen von Saudi-Arabien, den Vereinigten Arabischen Emiraten, Pakistan, Sudan, Iran und Jemen sowie in den nördlichen Staaten Nigerias, daneben in weiteren Ländern, wo die Steinigung aber nicht mehr vollzogen wird.

Das amerikanische »Pew Research Center«, das Daten zum Verhältnis von Religion und Gesellschaft weltweit erhebt, veröffentlichte die Ergebnisse einer Umfrage über schwere Körperstrafen in sechs wichtigen Ländern mit einer islamischen Bevölkerungsmehrheit. Demnach haben im Jahr 2011 in Ägypten und Pakistan 82 Prozent der Bevölkerung Steinigungen befürwortet, in Jordanien 70 Prozent, in Nigeria 56 Prozent und im vergleichsweisen toleranten Indonesien immer noch 42 Prozent.[101]

»Die Steinigung ist die grausamste und schmerzhafteste Hinrichtungsmethode. Die Opfer werden in Leinentücher gewickelt, bis zur Brust in Erdlöcher eingegraben und dann gesteinigt. Die Steine fügen den Verurteilten schwerste Verletzungen zu, sind aber nicht groß genug, um sie sofort zu töten. Die Opfer sterben langsam und qualvoll. Bei der Steinigung handelt es sich um eine grausame, unmenschliche und erniedrigende Strafe im Sinne der Antifolterkonvention der UNO ... Im Iran hat es in den letzten Jahren mehrfach Hinrichtungen dieser Art gegeben. Immer wieder werden dort neue Steinigungsurteile bekannt, die vor allem wegen Ehebruchs verhängt werden. Die meisten Opfer sind Frauen. Gründe dafür sind die Diskriminierung der Frauen und die frauenfeindlichen Gesetze der Fundamentalisten. Frauen im Iran haben per Gesetz nicht die gleichen Rechte wie die Männer und werden vor Gericht nicht gleichbehandelt. Wenn Frauen mit dem Gesetz in Konflikt geraten, werden sie gewöhnlich von Männern verhaftet und verhört. Es sind ausschließlich Männer, die die Urteile über sie fällen. Oft werden Frauen durch Folter zu Geständnissen gezwungen. In ländlichen Gebieten werden Frauen Opfer unfairer Gerichtsverfahren, weil sie nicht lesen und schreiben können und daher eher Straftaten gestehen, die sie gar nicht begangen haben. Frauen, die ethnischen Minderheiten angehören, sprechen in vielen Fällen nicht die offizielle Gerichtssprache Persisch. Sie verstehen gar nicht, was mit ihnen im Gerichtsverfahren geschieht oder sogar, dass ihnen die Steinigung droht. Nach den fundamentalistischen Gesetzen kann der Richter Steinigungsurteile allein aus eigenem subjektivem Ermessen verhängen. Die meisten angeklagten Frauen können sich keinen guten Rechtsbeistand leisten.«[102]

Genderzid – Frauenmord

»Genderzid« ist eine eingedeutschte Wortneuschöpfung von Mary Anne Warren aus dem Jahr 1985, die die englischen Begriffe für Geschlecht (»gender«) und für Völkermord (»Genozid«) kombiniert und das systematische und massenhafte Töten der Angehörigen eines Geschlechtes wegen seiner Geschlechtszugehörigkeit bezeichnet. Will man den Begriff nur auf Frauen eingrenzen, benutzt man den seit etwa 1800 bekannten englischen Begriff »Femizid«, den Diana E. H. Russell 1974 als Fachbegriff in die wissenschaftliche Diskussion einführte. Eine systematische Tötung von Männern gibt es eigentlich nur im Krieg und nach einem Krieg, um die Wehrkraft eines Landes oder Volkes zu dezimieren.[103] Zum Femizid gehören alle massenhaften Fälle von Frauenmorden, ja jeder Mord an einer Frau oder einem Mädchen, wenn er geschieht, weil sie weiblich sind. Bisweilen wird der Begriff inzwischen auch auf jeden Mord an Frauen, etwa auch von Frauen, ausgeweitet, was uns jedoch sinnlos scheint.

Viele Serienmörder sind Frauenmörder, Jack the Ripper ist leider traurige Realität bis heute. Die wenigen Frauen, die Serienmörder sind, töten auch meist Frauen. Das gilt auch für die sogenannten »Todesengel« in Kliniken, die meist ältere Frauen töten.

In der mexikanischen Stadt Ciudad Juárez, die der texanischen Stadt El Paso gegenüberliegt, ist uns die Situation vor Ort durch ein großes Hilfsprojekt vertraut. In der Stadt und der Nachbarstadt Chihuahua hat die »Organisation of American States Inter-American Commission on Human Rights« ebenso wie Menschenrechtsorganisationen die »toten Frauen von Juarez«, wie man sie nennt, genau untersucht. Für die Zeit bis 2005 wurden 370 Morde an Frauen zwischen 12 und 22 Jahren dokumentiert, die jeweils lange als vermisst galten und in der Wüste oder in unbewohnten Gebieten abgeladen wurden; ein Drittel davon wurde vergewaltigt, praktisch alle wurden gefoltert, gequält und entstellt. Hunderte weitere

Mädchen gelten als vermisst. Für den gesamten umliegenden Bundesstaat Chihuahua wurden 2010 270 solcher Frauenmorde gemeldet, 247 davon in Juarez direkt. Die Zahlen für 2011 und 2012 sind ähnlich hoch.[104]

Ein Drittel aller Frauen, die in den USA jährlich ermordet werden, werden von Intimpartnern getötet, vom Gelegenheitsfreund über Lebensgefährten und Ex-Ehemännern bis hin zu Ehemännern. In Südafrika wird alle sechs Stunden eine Frau von einem solchen Partner getötet.

Genderzid – Geschlechterselektion durch Abtreibung

Oft wird mit den Begriffen Genderzid bzw. Femizid aber eine spezielle Form der Tötung des weiblichen Geschlechts bezeichnet, nämlich der geschlechtsspezifische Schwangerschaftsabbruch oder die Zwangsabtreibung von Mädchen,[105] die vor allem in Ländern beziehungsweise Kulturen stattfindet, wo großer Wert auf männlichen Nachwuchs gelegt wird, allen voran in China, Indien und Südkorea. In China wurde dies durch die sogenannte Ein-Kind-Politik verstärkt – wenn schon nur ein Kind erlaubt ist, dann sollte es ein Junge sein. In Indien spielt die Armut eine große Rolle, da Jungen die Versorgung sicherstellen, Mädchen dagegen die hohen Kosten einer Mitgift bedeuten können, aber Südkorea zeigt, dass auch ein reiches Land den weiblichen Nachwuchs schon im Mutterleib reduzieren kann. »Weil die Mitgift so hoch ist, werden monatlich 50 000 weibliche Föten in Indien einfach abgetrieben. Die UN hat auch deshalb das Land zum weltweit gefährlichsten Ort für Mädchen erklärt.«[106]

In Indien kommen heute auf eine weibliche Geburt zwei männliche Geburten. In der Regel erhält eine Hebamme das doppelte Honorar für eine Geburt, wenn das Kind ein Junge und kein Mädchen ist. In einem Land, in dem Frauen die höchsten Staatsämter bekleideten, sind Frauen zugleich millionenfach unerwünscht oder Freiwild.

Die millionenfache Geschlechterselektion durch Abtreibung nimmt überall dort dramatisch zu, wo Jungen wesentlich mehr gelten als Mädchen, etwa neben den genannten asiatischen Ländern auch in der islamischen Welt, ja, durch die gestiegenen medizinischen Möglichkeiten insgesamt weltweit. Dem asiatischen Kontinent fehlten bereits 2011 mehr als 160 Millionen Frauen![107] In Indien und China ist längst ein Ungleichgewicht innerhalb der Gesellschaft entstanden, das zu weiteren Übergriffen gegen die Menschenwürde führt.

In China müssen Eltern aufgrund der Ein-Kind-Politik um ihre Söhne bangen. Entführungen durch Menschenhändler sind an der Tagesordnung. Ihre Auftraggeber: kinderlose Paare und Eltern, die nicht den erwünschten Sohn zur Welt gebracht haben.[108]

Aber auch in Europa gibt es immer mehr geschlechtsbedingte Abtreibungen.[109] Diese Entwicklung mahnt inzwischen sogar die Deutsche Gesellschaft für Gynäkologie und Geburtshilfe an.[110] Der Europarat sagt dazu in der Resolution vom November 2011: »Die pränatale Geschlechtsselektion hat besorgniserregende Ausmaße angenommen.« 2009 hat die Nationale Sozial- und Gesundheitsbehörde Schwedens entschieden, dass Abtreibungen aufgrund des Geschlechts nicht verweigert werden dürfen. Eine Mutter hatte nach zwei Töchtern bereits zwei weitere Mädchen abgetrieben und wollte nun das dritte Mädchen abtreiben, da sie nur einen Jungen zur Welt bringen will.

In Albanien, Armenien, Aserbaidschan und Georgien sind die Zahlen besonders besorgniserregend. Dort liegt die Geburtenrate bei 112 neugeborenen Jungen im Vergleich zu 100 Mädchen.

Die Internationale Gesellschaft für Menschenrechte schreibt zum Genderzid in China: »Außerdem ist das Geschlechterverhältnis bei der Geburt, das in der Regel bei rund 106 Jungen auf 100 Mädchen liegt, seit Einführung der Ein-Kind-Politik auf ein unnatürliches und historisch einzigartiges Niveau angestiegen. Während in den Volkszählungen der Jahre 1953 und 1964 noch normale Geschlechterproportionen von 104 zu 105 Kleinkindern registriert wurden, war diese Zahl im Jahre 1982 schon auf 108 angewachsen. Diese Unregelmäßigkeit hielt in den folgenden Jahren an und ging sogar so weit, dass die Sexualproportion im Jahre 1995 bei 116 und fünf Jahre später bei knapp 118 lag. Dieses Phänomen kann auf drei Faktoren zurückgeführt werden: Erstens auf die niedrige Fertilität des Landes, zweitens auf die starke und kulturell bedingte Bevorzugung von Söhnen und drittens auf die mittlerweile weit verbreitete Möglichkeit der pränatalen Geschlechtsbestimmung, die häufig eine Abtreibung der weiblichen Föten nach sich zieht. Um dieser Entwicklung entgegenzuwirken, hat die chinesische Regierung eine Kampagne für mehr Mädchen im Land gestartet. So werden Ehepaare, die sich für die Geburt ihrer Tochter entscheiden, mit zusätzlichen finanziellen Altersabsicherungen und Häusern belohnt. Besonders schwer ist die Überzeugungsarbeit aber immer noch auf dem Land, da meist nur die Söhne im Alter für die Eltern sorgen und die Töchter in die Familie ihres Mannes einheiraten. Mittlerweile ist auch die Geschlechtsbestimmung vor der Geburt durch das neue Gesetz verboten. Folglich ist es auch den Ärzten unter Strafe untersagt, den Eltern das Geschlecht des Kindes mitzuteilen.«[111]

4. Vom Risiko, eine Frau zu sein

Müttersterblichkeit

Die Internationale Gesellschaft für Menschenrechte schreibt: »Als Müttersterbefall gilt der Tod einer Frau während der Schwangerschaft oder innerhalb von 42 Tagen nach Beendigung der Schwangerschaft aufgrund von Ursachen, die in Beziehung zur Schwangerschaft oder deren Behandlung stehen oder durch diese verschlechtert werden. Nicht zur Müttersterblichkeit gezählt werden Sterbefälle von Schwangeren durch Unfall oder zufällige Ereignisse. Internationale Bezugsgröße ist die Zahl der direkten und indirekten Müttersterbefälle pro 100 000 Lebendgeborene.«[112]

»Alle zwei Minuten stirbt – statistisch gesehen – irgendwo auf der Welt eine Frau an den Folgen einer Schwangerschaft oder Geburt. Und doch vermelden die Vereinten Nationen dies als positive Nachricht, denn vor 20 Jahren sei die Müttersterblichkeit im globalen Durchschnitt noch etwa doppelt so hoch gewesen. Es wurden also deutliche Fortschritte gemacht. Das zeigt der aktuelle Bericht ›Trends in maternal mortality: 1990 to 2010‹. Danach ist die Zahl der Mütter, die pro Jahr durch Komplikationen während einer Schwangerschaft oder bei einer Geburt sterben, von 543 000 auf 287 000 gesunken. Das ist ein Rückgang um 47 Prozent, reicht aber bei weitem noch nicht aus, um das Millenniumsentwicklungsziel 5 zur Senkung der Müttersterblichkeit zu erreichen. Und sowohl innerhalb einzelner Länder als auch zwischen den Ländern und Regionen der Welt bestehen große Unterschiede. Immerhin sind in fast allen Regionen der Welt Fortschritte gemacht worden.«[113] In den Industrieländern ist die Müttersterblichkeitsrate aufgrund der verbesserten medizinischen Versorgung seit 1900 von etwa 300 pro 100 000 auf 8 bis 12 gesunken.

Doch weiter zu den Millenniumszielen der UN: »Zehn Länder haben es sogar geschafft, die Müttersterblichkeit um mindestens 75 Prozent zu senken und damit das Millenniumsentwicklungsziel zu erreichen: Äquatorial-Guinea, Belarus, Bhutan, Estland, Iran, Litauen, Malediven, Nepal, Rumänien und Vietnam. Doch in vielen Ländern – insbesondere in Afrika südlich der Sahara – wird die Zielvorgabe bis 2015 verfehlt werden. Während im globalen Durchschnitt die Müttersterblichkeit 2010 bei 210 Todesfällen pro 100 000 Lebendgeburten lag, sterben in Afrika südlich der Sahara 500 Frauen. Von den 40 Ländern mit der höchsten Müttersterblichkeit liegen 36 in Afrika südlich der Sahara. Ein Drittel aller Todesfälle von Müttern entfallen auf nur zwei Länder. Im Jahr 2010 starben 56 000 Mütter in Indien und 40 000 in Nigeria. Das sind 20 bzw. 14 Prozent der Todesfälle.«[114]

HIV/Aids

Weltweit leben 30 Millionen Menschen mit HIV, die Hälfte davon sind Frauen. In Afrika südlich der Sahara, wo die Seuche sich am stärksten ausgebreitet hat, bilden Frauen immer stärker die Mehrheit der Infizierten.[115] In den Teilen Afrikas, wo Untersuchungen vorliegen, aber auch in der Karibik, stecken sich junge Frauen zwischen 15 und 24 inzwischen bis zu sechsmal so häufig mit HIV an wie Männer desselben Alters.

Daran sind massenhafte Vergewaltigungen in Kriegs- und Bürgerkriegsgebieten und häusliche Gewalt ebenso schuld wie die fehlende Selbstbestimmungsmöglichkeit und Kontrolle von Frauen über ihren Körper und ihr Verhalten. Frauen haben oft weniger Informationen über Geschlechtskrankheiten, kaum Zugang zu Verhütungsmitteln und haben oft nicht mitzuentscheiden, ob solche zum Schutz vor HIV eingesetzt werden oder nicht. Auch eine Ehe schützt nicht vor HIV, wenn der männliche Partner sich anderswo angesteckt hat und in der Ehe Verhütung verweigert. Wenn erst einmal bekannt ist, dass Frauen HIV-positiv sind, werden sie oft viel stärker diskriminiert als Männer. Und selbst in der westlichen Welt wird bei Aids-Galas und bei Kampagnen das Schicksal betroffener – nicht nur schwuler – Männer wesentlich stärker in den Mittelpunkt gerückt als das betroffener Frauen.

Zudem wird es oft als selbstverständlich angesehen, dass Frauen sich um HIV-kranke Familienangehörige oder etwa um Aids-Waisen kümmern.

Eine bereits 2004 vorgelegte Studie unter 1366 Frauen in Südafrika, die Gesundheitszentren für einen HIV-Test aufsuchten, zeigte, dass ein um das Eineinhalbfache höherer Prozentsatz von Frauen HIV-positiv ist, wenn sie von ihren Partnern geschlagen und beherrscht werden oder finanziell völlig von ihrem Partner abhängig sind, als unter Frauen aus gewaltlosen Beziehungen.[116]

Ausgeschlossen von Bildung

Zwei Drittel aller Analphabeten weltweit sind weiblich, auch wenn in den letzten Jahrzehnten große Fortschritte gemacht wurden, dass Mädchen und Frauen Lesen und Schreiben lernen.[117] Mädchen machen 56 Prozent der 77 Millionen Kinder aus, die nie eine Schule besuchen. Auch wenn es große regionale Unterschiede gibt und es in einigen westlichen Ländern bereits Bildungsbereiche gibt, in denen Frauen die Mehrheit stellen, sind Frauen doch auf das Ganze gesehen weltweit bildungsmäßig stark benachteiligt.

In weiten Teilen der Welt gehen Mädchen seltener zur Schule, fehlen häufiger wegen häuslicher Aufgaben, gehen kürzer zur Schule und gehen seltener auf weiterführende Schulen. Vor die Wahl gestellt, ob der Sohn oder die Tochter die bessere Ausbildung ermöglicht bekommt, werden in vielen Ländern der Erde nach wie vor Jungen vorgezogen. Auch wenn es in einigen westlichen Ländern erstmals in einigen Bereichen eine Umkehrung der Verhältnisse geben mag, etwa wenn vorwiegend weibliche Lehrer unterrichten oder Mädchen in der Schule größere Chancen haben, bessere Noten bekommen und bei Lehrern beliebter sind, ja, etwa in den USA viel mehr Frauen einen Hochschulabschluss machen als Männer,[118] gilt doch, dass global gesehen die frühere Benachteiligung nach wie vor vorherrscht. In manchen Ländern gehen Mädchen nicht zur Schule, weil sie der Mutter im Haushalt, mit den jüngeren Geschwistern oder bei der Feldarbeit helfen müssen, weil sie früh die Aufgabe des Wasserholens an der (manchmal einige Stunden entfernten) Quelle übernehmen müssen und für den Schulbesuch einfach keine Zeit mehr bleibt.

In manchen islamisch geprägten Gesellschaften gilt es nicht als schicklich, dass Mädchen allein zur Schule gehen oder in der Schule von einem männlichen Lehrer unterrichtet werden, also bleiben sie zu Hause. In einigen Schulen – etwa im Jemen – gibt es keine Toiletten für Mädchen – auch solche Umstände können den Schulbesuch von Mädchen verhindern.

Im Iran, wo schon zu Zeiten des Schahs und bis heute mehr Frauen studieren als Männer (so sollen derzeit rund 60 Prozent aller Studienanfänger Frauen sein), wurden gerade 70 attraktive Studienfächer ganz für Frauen verboten.

In unseren Breitengraden war im Mittelalter Bildung für Frauen weitgehend auf Frauenklöster beschränkt, wozu meist nur Mädchen aus wohlhabenden und adeligen Familien Zugang hatten. Ab dem 16. Jahrhundert entstanden Frauenorden, die Erziehungsanstalten für Mädchen aufbauten, um ihnen Lesen und Schreiben sowie Handarbeit und Haushaltskenntnisse zu vermitteln. Erst mit dem Beginn der Frauenbewegung im letzten Quartal des 19. Jahrhunderts wurde höhere Bildung für Frauen zum Thema. Es entstanden »Frauenbildungsvereine«, die sich speziell die typischen Argumente vornahmen, Frauen könnten, wollten oder sollten keine höhere Bildung erlangen. (Auf die Lage in Deutschland heute sind wir in der Einleitung kurz eingegangen.)

Armut

Herrscht Hunger, sind Frauen stärker davon betroffen. Fehlt medizinische Versorgung, sind Frauen stärker davon betroffen. Schätzungen sprechen davon, dass 70 Prozent der Armen weiblich sind, aber eine umfassende globale Untersuchung dazu liegt leider nicht vor. Arme Frauen kommen schlechter an Kredite als arme Männer. In den meisten Ländern Afrikas, des Nahen Ostens und Südostasiens verhindert nach wie vor das Erbrecht oder die tatsächliche Vererbungspraxis, dass Frauen nennenswerten Bodenbesitz oder sonstigen Besitz haben.[119]

Gleichzeitig sind arme Frauen schlechter gegen Gewalt, Ausbeutung und Recht- und Ehrlosigkeit geschützt als arme Männer.

In vielen Ländern und Kulturen bleibt schwere körperliche Arbeit wie Wasserholen, Landwirtschaft oder Nahrungsherstellung weitgehend den Frauen überlassen. Auch dort, wo Frauen die Hauptlast der Arbeit und des Lebenserhaltes tragen, müssen sie trotzdem zusätzlich meist allein den Haushalt führen und die Kinder betreuen.

In einigen Regionen der Welt erbringen Frauen nach einer Studie von UNICEF von 2007 70 Prozent der landwirtschaftlichen Arbeit und produzieren 90 Prozent der Lebensmittel.[120] In Mexiko untersuchte man 2006, wie viel Mann und Frau an Hausarbeit leisten, wenn beide beruflich gleichermaßen eingespannt sind. Frauen leisten dann zusätzlich 33 Stunden pro Woche, Männer 6.[121]

In Südafrika sind in Gebieten ohne Versorgung mit fließendem Wasser Frauen dafür verantwortlich, Wasser in Gefäßen heranzutragen. »UN Women« fand 2007 heraus, dass alle Frauen zusammen dafür 16-mal am Tag die Entfernung zum Mond (394 400 km) und zurück zurücklegen.[122]

Wesentliche Motoren des schon oben besprochenen Menschen- und Frauenhandels sind Armut, fehlende Bildung und fehlender Schutz für Frauen. Hier muss auch die Prävention weltweit einsetzen.[123] »Die Armutsbekämpfung ist eine wichtige Präventionsmaßnahme im Kampf gegen Menschenhandel. Betroffene Frauen stammen überwiegend aus Ländern, die seit Jahrzehnten wirtschaftlich schwach sind oder sich in politischem Wandel befinden. Frauen sind häufig am stärksten von Arbeitslosigkeit, Niedriglöhnen, Gewalt und wirtschaftlicher Not betroffen. Durch die allgemeine Perspektivlosigkeit geraten die Frauen in Situationen, die von Menschenhändlern ausgenutzt werden können. Eine Familie, die ihre Kinder nicht ernähren kann, ist bereit, die Töchter (und manchmal auch die Söhne) wegzugeben in der Hoffnung, dass der Arbeitsvermittler ihnen eine gute Stelle als Haushaltshilfe oder in einer Firma besorgen kann. Eine alleinerziehende Mutter, die in ihrem Heimatland ihre Kinder nicht versorgen kann, ist bereit, ihr Glück anderswo zu suchen. Oft werden Frauen und Kinder dann Opfer von Menschenhändlern, die sie wie Ware behandeln und zum Beispiel auf Kakaoplantagen an der Elfenbeinküste oder in der kommerziellen Sexindustrie in Deutschland einsetzen.«[124] Extreme Armut macht risikobereit und diese Bereitschaft nutzen Verbrecher aus.

Ausgeschlossen von Rechten

In islamisch geprägten Gesellschaften gesteht man Frauen – vor allem im ländlichen Bereich und dort, wo Armut und Bildungsmangel herrschen, oft aber auch in höheren Schichten – innerhalb der Familie nur verminderte Rechte zu, so zum Beispiel das Recht darauf, eine Scheidung zu beantragen, das sie aufgrund von Schariarechtsbestimmungen in arabischen Gesellschaften nur in wenigen, eng definierten Fällen besitzt, wie zum Beispiel bei ausbleibenden Unterhaltszahlungen durch den Ehemann. Die Ehefrau muss in jedem Fall einen Gerichtsprozess anstrengen, während die Scheidung für den Mann wesentlich einfacher ist, auch wenn etliche islamisch geprägte Länder die Möglichkeit der traditionellen Verstoßung der Ehefrau durch ihren Mann begrenzt haben.

Auch bei der Frage des Sorgerechts für die Kinder werden Frauen in der Regel dann benachteiligt, wenn nach Schariarecht der Mann Anspruch auf die Kinder hat, was immer der Fall ist, wenn die Kinder der Kleinkindphase entwachsen sind. Das bedeutet, dass nach einer Scheidung ab einem Alter von etwa 7 bis 14 Jahren die Mädchen und 3 bis 7 Jahren die Jungen immer in die Familie des Mannes gehören und die Mutter sie unter Umständen nie wiedersieht.

Dabei ist es nicht immer das Schariarecht, das für die Benachteiligung der Frauen verantwortlich gemacht werden kann, dass Frauen die meisten Rechte entzogen werden. Gewohnheitsrecht und Traditionen sind häufig noch restriktiver oder, wie etwa in Afghanistan, das Stammesrecht, das Frauen weitaus nachhaltiger diskriminiert. So erlaubt etwa das afghanische Stammesrecht den Frauentausch zur Beilegung eines Konflikts oder die »Vererbung« der Witwe an den Bruder des Verstorbenen ohne Mitspracherecht der Frau. Auch wird etwa der Schulbesuch von Mädchen eher durch die Tradition oder die Sorge um den guten Ruf der Familie verwehrt als durch das Schariarecht, das Bildungserwerb für beide Geschlechter prinzipiell gutheißt. Auch in Libyen oder Jemen ist das Stammesrecht noch frauenfeindlicher als das Schariarecht.

Ausgeschlossen vom Wahlrecht

1893 gewährte Neuseeland als erstes Land der Erde Frauen das Wahlrecht.[125] 1902 folgte Australien und erlaubte Frauen zu kandidieren, schloss aber bis 1962 »farbige« Menschen und Aborigines aus. 1906 folgte das damals noch nicht unabhängige Finnland als erstes europäisches Gebiet. 1917 führte Aserbaidschan als erstes islamisches Land das Frauenwahlrecht ein. 1917 folgte Russland, 1918 Deutschland, Österreich und Großbritannien, letzteres aber bis 1928 nur für Frauen über 30 Jahre. In den USA begann 1869 der Staat Wyoming, ab 1890 Bundesstaat der USA, mit dem Frauenwahlrecht, 1920 folgte die Bundesebene der USA, nachdem 1916 die erste Frau in den Kongress gewählt wurde. Aber erst 1965 folgte das Wahlrecht für afroamerikanische Frauen.

Trotzdem blieb der Weg zum Frauenwahlrecht in manchen Ländern steinig. In Frankreich lehnte der Senat das Wahlrecht für Frauen immer wieder ab, nur durch eine Verordnung von 1944 konnte es eingeführt werden. In Portugal, Spanien und anderen Ländern dauerte es bis zum Ende der jeweiligen Diktaturen in den 1970er-Jahren, bis das Frauenwahlrecht eingeführt werden konnte.

In Liechtenstein scheiterte das Frauenwahlrecht in zwei Volksabstimmungen 1971 und 1973, es kam erst 1984 zum Zuge. Die Schweiz tat sich in einigen Kantonen besonders schwer, obwohl 1971 aufgrund einer Volksabstimmung der Bund das Frauenwahlrecht einführte. 1990 zwang das Schweizer Bundesgericht den letzten Kanton Appenzell-Innerrhoden dazu, auch dazu, die Bezeichnung »Schweizerbürger« in der Kantonsverfassung auf Frauen auszudehnen. Der Grund für die Probleme in der Schweiz und in Liechtenstein war, dass dazu Volksabstimmungen von nur männlichen Wählern nötig waren. Wäre das auch in anderen Ländern der Fall gewesen, hätte sich das Frauenwahlrecht sicher auch andernorts stark verzögert.

In Lateinamerika erhielten die meisten Länder in den 1930er-Jahren das Frauenwahlrecht, in Asien allmählich über einen langen Zeitraum von der Mongolei 1920 bis in die Gegenwart. 1953 waren Syrien und Libanon die ersten arabischen Länder mit Frauenwahlrecht, 2007 wählten erstmals Frauen in Kuwait. Allerdings fehlen immer noch einige arabische Länder.

Dabei kam es immer wieder zu Merkwürdigkeiten. In Belgien, Italien und Bulgarien waren zunächst nur verheiratete Frauen wahlberechtigt. Die Frage, ob man denn dann nicht auch unverheirateten Männern das Wahlrecht entziehen sollte, kam nie auf. In Skandinavien und Großbritannien waren umgekehrt zunächst nur ledige und verwitwete Frauen bei der Kommunalwahl wahlberechtigt, da ja die Ehefrauen schon durch ihre Männer vertreten seien. In Griechenland wurde zunächst für Frauen – nicht für Männer – ein Mindestbildungszensus für das Wahlrecht eingeführt. Dies ist im Libanon bis heute der Fall.

Kein Frauenwahlrecht gibt es in Brunei, Saudi-Arabien (wenn auch für 2015 angekündigt) und natürlich in Ländern ohne Wahlen wie der Vatikanstadt oder den Vereinigten Arabischen Emiraten. In Bhutan hat jede Familie eine Stimme, im Libanon müssen Frauen, aber nicht Männer, eine Schulbildung nachweisen, wenn sie wählen gehen wollen.

Die Argumente gegen die Wahlbeteiligung waren in allen Kulturen auffallend ähnlich, dass nämlich Frauen kein Interesse an Politik hätten, dass sie wegen fehlender Bildung oder vorrangigem Interesse am Haushalt gar nicht in der Lage wären, politische Zusammenhänge zu beurteilen und vielmehr rein emotional wählten – als seien ausnahmslos alle Männer politische Profis und frei von Emotionen – und schließlich, dass die Gefahr bestünde, dass Frauen dann weitergehende Forderungen nach Ämtern und Einfluss stellen würden.

Übrigens wählen Frauen in allen Staaten der Erde statistisch auffällig anders als Männer, ohne dass es eine stringente, global gültige Erklärung für die Unterschiede der stärkeren oder schwächeren Bevorzugung in Bezug auf Personen, Parteien, Programme oder Themen gibt.

Wenig Chancen, Staatsoberhaupt zu werden

1960 bis 1979 wurden weltweit die ersten vier Frauen Regierungschefin. 1960 wurde Sirimawo Bandaranaike (1916–2000) erste Regierungschefin der Welt, nämlich Premierministerin von Ceylon, heute Sri Lanka. Indira Gandhi (1917–1984) wurde 1966 Premierministerin von Indien, Golda Meir (1898–1978) 1969 Ministerpräsidentin von Israel, 1979 Margaret Thatcher (1925–2013) erste Premierministerin von Großbritannien.

Das erste demokratisch gewählte weibliche Staatsoberhaupt eines Landes war 1980 bis 1996 Vigdís Finnbogadóttir (geb. 1930), Präsidentin von Island. Zuvor waren Präsidentinnen übergangsweise eingesetzt worden oder übernahmen von ihren Männern einfach als Witwen das Amt, wie Isabel Martínez de Perón (geb. 1931) 1974–1976 in Argentinien. Es folgten mehrere ebenso kleine Staaten wie Island mit weiblichen Präsidentinnen. Der erste große Staat mit einer Präsidentin waren seit 1986 die Philippinen mit Corazón Aquino (1933–2009), der gewählten Witwe des vorangegangenen Präsidenten.

III. Ethische und theologische Anmerkungen

1. Frauen sind nicht nur Opfer

Zum Schluss möchten wir noch deutlich machen, was wir *nicht* sagen wollen. Wir wollen mit diesem Buch nicht vermitteln, dass Frauen immer Opfer und nie Täter sind oder dass Frauen keine Gewalt rechtfertigen, befürworten oder ausüben könnten. Frauen sind nicht automatisch die »besseren Menschen«. Die britische Premierministerin Margaret Thatcher führte den Falklandkrieg. Die Radikalfeministin Andrea Dworkin geht davon aus, dass jeder Mann »Terror« ausstrahlt und erlaubte sich folgenden Ausrutscher: »Ich möchte jeden Mann zu einer blutigen Masse geprügelt sehen«[126] – tragisch angesichts ihrer Gesamtleistung. Während des Bürgerkrieges in Ruanda rief die ruandische Ministerin für Familie und Frauenförderung Hutu-Milizionäre dazu auf, Tutsimädchen und -frauen zu vergewaltigen.[127]

Anders als im Fall der Drogenkartelle ist der Menschenhandel keine bloße Männerdomäne, denn »Frauen stellen die größte Opfergruppe, nehmen allerdings auch eine wichtige Täterrolle ein«.[128] Das Büro der Vereinten Nationen für Drogen- und Verbrechensbekämpfung (UNODC) schreibt 2009: »Im Rahmen der Auswertung der Täterprofile wurde erstmals festgestellt, dass auch Frauen eine wichtige Täterrolle im internationalen Menschenhandel einnehmen. Dies ergaben die Kriminalstatistiken von 46 der untersuchten 155 Länder, die eine Auswertung nach Alter, Geschlecht und Nationalität der Menschenhändler zuließen. In 14 der 46 Länder wurden mehr Frauen als Männer strafrechtlich wegen Menschenhandels belangt.«[129] »In Osteuropa und Zentralasien stellen sie sogar über 60 Prozent der verurteilten Täter und Täterinnen. ›In diesen Gebieten ist es die Norm, dass es Frauen sind, die mit Frauen handeln‹, sagt Antonio Maria Costa, Exekutivdirektor des UNO-Büros für Drogen- und Verbrechensbekämpfung (UNODC).«[130]

Gewalt gegen Frauen ist auch oft so sehr Teil von Kultur und Gesellschaft geworden, dass Frauen selbst sie nicht nur hinnehmen oder das Gespräch darüber tabuisieren, sondern von klein auf verinnerlichen, für normal halten oder sogar rechtfertigen und die Täter verteidigen. Sie glauben, dass sie nichts anderes verdient haben: In Indien finden es etwa 70 Prozent der Frauen annehmbar, dass der Ehemann sie schlägt, wenn sie Essen anbrennen lassen, Sex verweigern oder ausgehen, ohne ihn vorher zu fragen.

Die häusliche, familiäre oder auch gesellschaftliche Tabuisierung und Bagatellisierung von Gewalt gegen Frauen ist eines der größten Hindernisse im Kampf gegen diese Gewalt. An der Tabuisierung und Bagatellisierung sind Frauen genauso beteiligt wie Männer – so wie es Frauen und Männer gibt, die dagegen ankämpfen.

Ein gutes Beispiel für die Tabuisierung ist der Umstand, dass Mütter oft über deutliche Anzeichen, dass ihre Töchter von Verwandten oder Lebenspartnern sexuell missbraucht werden, hinwegsehen oder die beteiligten Männer sogar vehement verteidigen, wenn andere den Verdacht äußern. Selbst wenn sie selbst geschlagen werden, verharmlosen sie oft den Tatbestand und erklären, es sei selten, man habe sich wieder versöhnt, der Mann sei sonst gar nicht so, etc. etc. Oft müssen ihnen in Beratung, Frauenhaus oder Seelsorge erst die Augen geöffnet werden.

Die schreckliche weibliche Genitalverstümmelung (»Frauenbeschneidung«), auf die wir oben eingegangen sind, wird in den betroffenen Kulturen weniger von Männern erzwungen als von Frauen, die diese bei ihren Töchtern anwenden und ihnen diese Qualen antun, obwohl sie am eigenen Leib erfahren haben, welche Qualen eine Beschneidung in jedem Fall mit sich bringt. Die Erfahrung zeigt, dass vor allem gute Bildung und Aufklärung diese Verinnerlichung von Gewalt an Frauen überwinden kann.

Nicht nur Männer, auch Frauen sind gewalttätig gegenüber ihren Partnern und Familien. So gibt es eine Forscherdiskussion, ob häusliche Gewalt wirklich vor allem männlich ist oder ob nur die Folgen der häuslichen Gewalt Frauen stärker treffen, weil Männer meist stärker sind. Das ist meist schwer zu beantworten, da die Gewaltstudien sich fast ausschließlich auf Frauen als Opfer beziehen, eine wissenschaftlich und moralisch sicher nicht zu rechtfertigende Einseitigkeit. Das Familienministerium kam nie über eine kleine, in ihren Ergebnissen erschreckende Pilotstudie von 2005 »Gewalt gegen Männer« hinaus,[131] die Männerarbeit der Evangelischen Kirche in Deutschland veröffentlichte ihre ebenso aufrüttelnde Studie zunächst nicht.[132]

Man muss also immer differenzieren. Insgesamt werden mehr Männer ermordet als Frauen,[133] Frauen werden aber wesentlich häufiger von Partnern, Verwandten und Freunden ermordet. Die Lebenserwartung von Frauen ist in praktisch allen Ländern der Erde höher als die der Männer. Trotzdem ist der Zugang zur Gesundheitsversorgung in vielen ärmeren Ländern für Frauen viel schwieriger als für Männer. Im Falle von Ehrenmorden scheinen Männer fast genauso oft Opfer zu sein wie Frauen. Wo Steinigung Gesetz ist und praktiziert wird, sind auch Männer gemeint und gelegentlich betroffen, wenn es dann auch Frauen häufiger trifft.

Ja, es gibt mittlerweile in westlichen Ländern auch erste Bereiche, in denen Frauen Männer so sehr überflügelt haben, dass besondere Programme für Jungen oder Männer diskutiert werden müssen. Wer das Problem untersuchen und angehen will, dass Jungen in deutschen Schulen gegenüber Mädchen immer schlechter abschneiden oder dass Männer so viel schwerer zu Vorsorgeuntersuchungen zu bewegen sind, muss dabei nicht die Benachteiligung von Frauen aus den

Augen verlieren.[134] Nur Ideologen spielen Benachteiligungen gegeneinander aus.

Umgekehrt gibt es aber auch viele Bereiche der Gewalt und der Benachteiligung, wo Studien detailliert nachgewiesen haben, dass die Masse der Täter Männer und die Masse der Opfer Frauen sind. Dass es also bestimmte Bereiche gibt, in denen Männer und Frauen gleichermaßen betroffen sind, darf nicht als Rechtfertigung dafür dienen, die viel häufigeren Bereiche und Themen zu relativieren, in denen das nicht der Fall ist.

So kommt häusliche Gewalt zwischen Partnern nicht nur bei heterosexuellen Paaren, sondern auch bei gleichgeschlechtlichen Paaren beider Geschlechter vor, denn auch hier kann ein dominanter Partner seine Macht durch Gewalt und auch durch sexualisierte Gewalt ausüben.[135]

Wir haben allerdings im Buch genügend Gegenbeispiele kennengelernt. Es sei beispielsweise daran erinnert: 99 Prozent aller Täter bei Vergewaltigungen sind männlich, 80 Prozent der Opfer weiblich. 80 Prozent aller von Menschenhandel betroffenen Personen sind weiblich, was natürlich auch daran liegt, dass die sexuelle Ausbeutung von Frauen verbreiteter ist.

2. Unsere christliche Motivation

Der Einsatz gegen Gewalt an Frauen und gegen Unterdrückung und Benachteiligung von Frauen sollte alle Menschen guten Willens zusammenführen, gleich welcher Religion oder Weltanschauung sie angehören. Trotzdem wollen wir am Ende unsere christliche Motivation für dieses Buch kurz skizzieren. Es ist hier kein Platz, diese im Einzelnen zu begründen oder sich mit der Geschichte des Christentums oder mit anderen Auffassungen auseinanderzusetzen.

Gott hat Mann und Frau gemäß dem Schöpfungsbericht nach seinem Ebenbild mit der gleichen Würde geschaffen: »Gott schuf den Menschen zu seinem Bilde, zum Bilde Gottes schuf er ihn; und schuf sie als Mann und Frau« (1. Mose 1,27). Aus dieser Menschenwürde entspringt die Bestimmung des Menschen, Gott und den Nächsten zu lieben. Die Beziehung von Mann und Frau ist als Muster der Liebe der Ort, in dem Kinder gezeugt, geliebt und zur Selbstständigkeit erzogen werden.

Die Liebe als Grundprinzip ist durch die Sünde und Bosheit des Menschen in Mitleidenschaft gezogen worden und kann sich in ihr völliges Gegenteil verkehren: Hass, Gewalt, Machtausübung, Egoismus. Dies kommt leider gerade dort zum Ausdruck, wo der Mensch die meiste Zeit verbringt, also in Ehe, Partnerschaft, Familie sowie in Arbeitsbeziehungen. Das Böse kann Beziehungen in ihr Gegenteil verkehren, etwa wenn ein Vater, dessen Vaterschaft ja Liebe, Wärme, Schutz und Ermutigung zum Selbstständigwerden bedeuten soll, stattdessen seinen Kindern durch Missbrauch genau das Gegenteil von dem antut, wofür er eigentlich da ist. Die Vergebung der Schuld und die Versöhnung mit Gott und untereinander, die Jesus Christus durch seinen Tod am Kreuz bewirkt hat, gilt auch gerade für die Geschlechterbeziehung. Gleichzeitig bedeutet Vergebung aber nicht Tabuisierung oder Verharmlosung des Geschehens, sondern setzt ein schonungsloses Offenlegen und Anerkennen der Schuld voraus.

Die Menschenwürde führt aber nicht nur zur Liebe als dem besten Weg des Umgangs miteinander, sondern begründet auch die für alle Menschen gleichen Menschenrechte: Das, was jedem Menschen zusteht, ja notwendig ist, um überhaupt als Menschen leben zu können. Dort, wo Menschenrechte verletzt werden, hat Gott den Staat beauftragt, Frieden und Gerechtigkeit wiederherzustellen und das Böse zu verhindern und, wenn es bereits geschehen ist, zu bestrafen (Römer 13,1-7).

Im biblischen Denken wird Sexualität nie zur eigenen Person in Beziehung gesetzt, sondern immer auf den Partner bezogen, ist also Ausdruck der Liebe, die nicht das Beste für sich und Macht und Gewalt über den anderen will, sondern das Beste für den anderen. Im Mittelpunkt steht der Gedanke, dass nicht ich und meine Bedürfnisse im Vordergrund stehen, sondern die des anderen, und ich verstehe, dass es letztendlich immer auch mir selbst nützt, wenn ich mich in andere investiere. Wer heiratet, dient dem anderen, (1. Korinther 7,32-34) – und das gilt für beide Geschlechter. Paulus schreibt in 1. Korinther 7,3-4, dass das Geheimnis der Sexualität ist, dass die Frau nicht sich, sondern ihrem Mann gehört und der Mann nicht sich, sondern seiner Frau. Diese sexuelle Gleichberechtigung und das Denken für den anderen stellt auch alle Machtgelüste des Mannes in der sexuellen Beziehung in Frage: »Der Mann erfülle der Frau, was er ihr schuldig ist … ebenso verfügt auch der Mann nicht über seinen eigenen Körper, sondern die Frau.«

Dementsprechend glauben wir nicht, dass durch die Abschaffung der Familie auch die Benachteiligung von Frauen abgeschafft wird; auch die Erfahrung spricht dagegen. Vielmehr können Ehe und Familie, gerade indem sie sich der Gefahren bewusst sind, ein Ort werden, in dem Schutz vor Gewalt sowie Achtung und Toleranz voreinander eingeübt werden können.[136] Wir brauchen »moderne Väter«[137] mehr denn je.

Neben der Gleichberechtigung aufgrund der gemeinsamen Menschenwürde motiviert uns als Christen ein Zweites. In der Bibel spielt die Aufforderung, denen zu helfen, die in Not sind, und der Fürsprecher derer zu werden, die zu schwach oder abhängig sind, um sich selbst zu helfen, eine zentrale Rolle. So heißt es in Sprüche 31,8-9: »Tu deinen Mund auf für die Stummen und für die Sache aller, die verlassen sind. Tu deinen Mund auf und richte in Gerechtigkeit und schaffe Recht dem Elenden und Armen.«

Exemplarisch kommt das in der Aufforderung zum Tragen, gegen die Ausbeutung von Witwen und Waisen anzugehen, die in der Bibel wohl hundertfach zu finden ist. Hiob 22,8-9 kritisiert treffend: »Dem Mächtigen gehört das Land, und sein Günstling darf darin wohnen; die Witwen hast du leer weggehen lassen und die Arme der Waisen zerbrochen.« Und Jesus prangert an: »Sie fressen die Häuser der Witwen und verrichten zum Schein lange Gebete. Die werden ein umso härteres Urteil empfangen« (Markus 12,40). Dagegen ergeht der Aufruf in 2. Mose 22,21: »Ihr sollt Witwen und Waisen nicht bedrücken«, und in 5. Mose 10,18: »Schafft Recht den Waisen und Witwen und habt die Fremdlinge lieb, dass ihr ihnen Speise und Kleider gebt«, sowie Jesaja 1,17: »Lernt Gutes tun, trachtet nach Recht, helft den Unterdrückten, schaffet den Waisen Recht, führt der Witwen Sache.«

Auch wenn die »Witwen« schon viel mit der Frauenfrage zu tun haben, gehen wir davon aus, dass wir uns nicht buchstäblich auf »Witwen« und »Waisen« beschränken dürfen, zumal es heute ja »Witwen und Waisen« gibt, denen es gut geht und die abgesichert sind. Vielmehr geht es um alle, die in welcher Situation und im Rahmen welcher Menschenrechtsfrage auch immer, von Mächtigen im Kleinen wie im Großen unterdrückt werden und sich nicht selbst helfen können, seien dies – um nur einige Beispiele zu nennen – Verhungernde, Aids-Kranke ohne Versorgung, Zwangsprostituierte, Menschen, die durch Korruption der Gerichte um ihr Recht gekommen sind, Straßenkinder oder missbrauchte Kinder.

IV. Beratungsangebote

Beispiel einer Beratungsstelle: »frauen helfen frauen in not e. v.«

»Unser Angebot

Wir beraten Sie

- wenn Sie von einem Bekannten, Freund, Ehemann oder Fremden bedroht, geschlagen, misshandelt oder psychisch unter Druck gesetzt werden (z. B. Häusliche Gewalt)
- nach Vergewaltigung und sexueller Nötigung
- bei Belästigung am Telefon, über Briefe, E-Mails oder SMS, bei Verfolgung und Nachstellung (Stalking)
- bei Anmache, Nötigung oder sexueller Belästigung am Arbeitsplatz, in der Schule, während der Ausbildung, in der Öffentlichkeit u. a.
- wenn Sie in der Kindheit/Jugend sexuellen Missbrauch erlebt haben
- wenn Sie als Angehörige/Bekannte oder Fachkräfte mit dem Thema Gewalt gegen Frauen konfrontiert sind

Wir helfen Ihnen und bieten

- sofortige Krisenintervention und Beratung ohne Wartezeiten
- kostenlose Beratung, auch anonym durch unsere fachlich qualifizierten Mitarbeiterinnen, die der beruflichen Schweigepflicht unterliegen
- Hilfe und Beratung beim Wohnungsverweisverfahren und Gewaltschutzgesetz (Häusliche Gewalt)
- Im Falle einer Strafanzeige: Begleitung zur Polizei, Unterstützung bei der Prozessvorbereitung, Begleitung zum Gericht
- Begleitung zu Ämtern und Institutionen, Ärztinnen, Rechtsanwältinnen u. a.

- Koordination und Begleitung von Selbsthilfegruppen und therapeutischen Gruppen
- Veranstaltungen zum Thema Gewalt gegen Frauen und Mädchen
- Präventionsarbeit« [138]

Sexuelle Übergriffe – Beratung

Alle hier aufgeführten Internet-Links wurden am 10. 07. 2013 auf ihre Aktualität überprüft.

- Inzest: http://www.frauennotruf.de/index.html
- Sexueller Kindesmissbrauch: http://www.dunkelziffer.de/home.html
- https://www.weisser-ring.de/internet/kampagnen/kampagne-missbrauch-verhindern-tag-der-kriminalitaetsopfer-2012/index.html

Häusliche Gewalt – Beratung

- Mehr Schutz bei häuslicher Gewalt – Information zum Gewaltschutzgesetz, Bundesministerium der Justiz, 2010: http://www.bmfsfj.de/RedaktionBMFSFJ/Broschuerenstelle/Pdf-Anlagen/Mehr-Schutz-bei-h_C3_A4uslicher-Gewalt,property=pdf,bereich=bmfsfj,rwb=true.pdf
- Frauennotrufnummern Deutschland, Schweiz, Österreich: http://www.frauennotruf.de/index.html (oben links bei »Notruf!« klicken)
- https://www.frauen-gegen-gewalt.de/
- http://www.gewaltgegenfrauen.de/
- http://www.helpline-sh.de

Zwangsheirat – Beratung

- Für jugendliche Betroffene: https://onlineberatung.zwangsheirat.de/
- Zwangsverheiratung bekämpfen – Betroffene wirksam schützen: Eine Handreichung für die Kinder- und

Jugendhilfe. Bundesministerium für Familie, Senioren, Frauen und Jugend: Berlin, 2012[3], http://www.bmfsfj.de/BMFSFJ/Service/Publikationen/publikationsliste,did=119 908.html

Menschenhandel – Zwangsprostitution – Beratung

Alle Beratungsstellen haben anonyme Hotlines und anonyme E-Mail-Adressen für Betroffene,
z. B. http://stoppt-zwangsprostitution.de/hotline/, Hotline für Deutschland: 0180 2006 110

- http://www.solwodi.de/34.0.html (Solwodi-Beratungsstellen)
- http://www.diakonie.de/adressen-von-beratungsstellen-2178.htm (Evangelische Beratungsstellen)
- http://www.diakonie-heilbronn.de/_rubric_frauen/index.php?rubric=mitternacht_menschenhandel (Info für Betroffene in 13 Sprachen)
- http://www.kok-buero.de/ (Koordinierungskreis gegen Frauenhandel und Gewalt gegen Frauen im Migrationsprozess), deren Mitgliedsorganisationen, darunter katholische und evangelische Einrichtungen: http://www.kok-buero.de/mitgliedsorganisationen-fachberatungsstellen.html
- http://www.stoppt-zwangsprostitution.de/beratungsstellen/

V. Weiterführende Literatur

Ständig aktualisierte Literaturlisten zu gut aufgeschlüsselten Unterthemen: http://www.frauenrechte.de/online/index.php/dokumentationsstelle/literatur

Alle hier aufgeführten Internet-Links wurden am 23. 09. 2013 auf ihre Aktualität überprüft.

Kurz und bündig-Titel

Folgende frühere Bände in der Reihe *kurz und bündig* ergänzen den vorliegenden Band (jeweils Holzgerlingen: SCM Hänssler):

Von Thomas Schirrmacher:

- Menschenhandel (2. Auflage 2012)
- Menschenrechte (2012)
- Rassismus (2009)
- Moderne Väter (2007)
- Die neue Unterschicht (2007)

Von Christine Schirrmacher:

- Die Scharia (3. Auflage 2012)
- Islam und Demokratie (2013)

UN-Berichte, Internationale Berichte, Statistik

- http://www.unwomen.de/ http://www.unwomen.org/ http://www.unifem.org/gender_issues/violence_against_women/facts_figures.html
- http://en.wikipedia.org/wiki/Global_Gender_Gap_Report
- UN women. Progress of the World's Women 2011–2012. 2011, http://progress.unwomen.org/pdfs/EN-Report-Progress.pdf
- Global Gender Gap Report 2012, http://www.weforum.org/issues/global-gender-gap
- Global and regional estimates of violence against women: prevalence and health effects of intimate partner violence and

non-partner sexual violence. World Health Organization: Genf, 2013, http://www.who.int/reproductivehealth/publications/violence/9789241564625/en/index.html
- UN Women – Violence Against Women Prevalence Data: Surveys By Country (2011). http://www.womenlobby.org/spip.php?article2169&lang=en
- http://www.unifem.org/gender_issues/violence_against_women/facts_figures.html
- World Bank Group. World Development Report 2012: Gender Equality and Development. http://siteresources.worldbank.org/INTWDR2012/Resources/7778105-1299699968583/7786210-1315936222006/Complete-Report.pdf
- OECD. Atlas of Gender and Development: How Social Norms Affect Gender Equality in non-OECD Countries. 2010, http://www.oecd.org/berlin/publikationen/atlasofgenderanddevelopment.htm
- Joni Seager, The Penguin Atlas of Women in the World: Fourth Edition. London: Penguin, 2008 (zuletzt übersetzt wurde die Ausgabe von 1998 als »Der Fischer Frauen-Atlas«)
- Schweizer Bundesamt für Statistik. Gleichstellung von Frau und Mann: Die Schweiz im internationalen Vergleich. Neuchatel, 2008

Gewalt gegen Frauen allgemein

- http://www.terre-des-femmes.de/ http://www.terre-des-femmes.ch/
- http://www.helpline-sh.de/uberGewalt.html
- http://www.demokratiezentrum.org/themen/genderperspektiven/lebensrealitaeten/gewalt-gegen-frauen.html
- http://www.gendercide.org/case.html
- http://en.wikipedia.org/wiki/Gendercide
- Bundesministerium für Familie, Senioren, Frauen und Jugend, Neue Wege – Gleiche Chancen. Erster Gleichstellungsbericht. Berlin, 2011, http://www.bmfsfj.de/BMFSFJ/Service/Publikationen/publikationen,did=174358.html
- Gunter Geiger (Hg.), Die Hälfte der Gerechtigkeit? Das Ringen um universelle Anerkennung von Menschenrechten für Frauen. Das Beispiel Asien. Opladen: Leske + Budrich, 2010
- Genia Findeisen, Kristina Großmann, Gewalt gegen Frauen in Südostasien und China: Rechtslage, Umgang, Lösungsansätze. Berlin: Regiospectra, 2013
- Sheila Jeffreys,: The Industrial Vagina. The Political Economy of the Global Sex Trade. London/New York: Routledge, 2009

- Christine Ockrent, Das Schwarzbuch der Lage der Frauen. München/ Zürich: Pendo, 2007
- Diana E. H. Russell, Roberta A. Ahrmes (Hg.), Femicide in Global Perspective. New York: Teachers College Press, 2001
- Thomas Schirrmacher, Der Segen von Ehe und Familie. Bonn: VKW, 2006
- Simone Utler, »Gewalt gegen Frauen: Diskriminieren, misshandeln, tabuisieren«. Spiegel Online 25. 01. 2013, http://www.spiegel.de/panorama/justiz/gewalt-gegen-frauen-vergleich-der-situation-in-verschiedenen-laendern-a-876618.html

Häusliche Gewalt

- http://frauenrechte.de/online/index.php/themen-und-aktionen/haeusliche-und-sexualisierte-gewalt
- Bundesministerium für Familie, Senioren, Frauen und Jugend. Gewalt gegen Frauen in Paarbeziehungen, 4. Auflage. 2012: http://www.bmfsfj.de/BMFSFJ/Service/Publikationen/publikationen,did=120792.html
- Shannan M. Catalano, Intimate Partner Violence, 1993–2010, Bureau of Justice Statistics, 27. 12. 2012, http://www.bjs.gov/index.cfm?ty=pbdetail&iid=4536
- Nicole Haßdenteufel, Häusliche Gewalttäter: Theorien über Ursachen und Auslöser männlicher Gewalt gegen Frauen und präventive Maßnahmen für Gewalttäter in der Praxis. Saarbrücken: Akademikerverlag, 2012
- Siegfried Lamnek, Ralf Ottermann, Tatort Familie: Häusliche Gewalt im gesellschaftlichen Kontext. Opladen: Leske + Budrich, 2012[3]

Krieg

- http://www.helpline-sh.de/Kriegsvergewaltigung.html
- http://www.unifem.org/gender_issues/women_war_peace/conflict_related_sexual_violence.html
- Andreas Gestrich (Hg.), Gewalt im Krieg. Ausübung, Erfahrung und Verweigerung von Gewalt in Kriegen des 20. Jahrhunderts. Münster: Lit-Verlag, 1996
- Barbara Drinck, Chung-Noh Gross (Hg.), Erzwungene Prostitution in Kriegs- und Friedenszeiten. Siegsdorf: Kleine Verlag, 2006
- Sven-Uwe Burkhardt, Vergewaltigung als Verbrechen gegen die Menschlichkeit. Münster: Lit-Verlag, 2005

- Medica mondiale e. V., Karin Griese (Hg.), Sexualisierte Kriegsgewalt und ihre Folgen. Handbuch zur Unterstützung traumatisierter Frauen in verschiedenen Arbeitsfeldern. Frankfurt am Main: Mabuse, 2006

Zwangsheirat

- http://de.wikipedia.org/wiki/Zwangsheirat
- http://de.wikipedia.org/wiki/Kinderheirat
- Necla Kelek, Die fremde Braut. Köln: Kiepenheuer & Witsch, 2006
- Yvonne Riaño, Janine Dahinden, Zwangsheirat: Hintergründe, Maßnahmen, lokale und transnationale Dynamiken. Zürich: Seismo Verlag, 2010
- Christine Schirrmacher, Die Frage der Freiwilligkeit der islamischen Eheschließung. Rechtspolitisches Forum – Legal Policy Forum 61. Trier: Institut für Rechtspolitik an der Universität Trier, 2012
- Ahmed Toprak, Das schwache Geschlecht – Die türkischen Männer. Zwangsheirat, häusliche Gewalt, Doppelmoral der Ehre. Freiburg: Lambertus Verlag, 2005

Vergewaltigung

- Susan Brownmiller, Gegen unseren Willen: Vergewaltigung und Männerherrschaft. Frankfurt: Fischer, 1994 (Original 1980)
- Hans Joachim Schneider, »Vergewaltigung«. S. 814–852 in: Hans Joachim Schneider (Hrsg.), Internationales Handbuch der Kriminologie. Bd. 2. Tübingen: DeGruyter, 2009

Genderzid durch Abtreibung

- http://www.gendercide.org
- Jugal Kishore, The Female Feticide. Saarbrücken: Lambert, 2012
- Darshan Kaur Narang, Neelam Kavita Koradia, Female feticide and infanticide. Saarbrücken: Lambert, 2013
- Christine Pierk, »Die Ein-Kind-Politik der VR China und ihre Auswirkungen«, http://www.igfm.de/themen/menschenrechtsverletzungen-an-frauen/ein-kind-politik/

Müttersterblichkeit

- Trends in maternal mortality: 1990 to 2010, http://www.unfpa.org/webdav/site/global/shared/documents/publications/2012/Trends_in_maternal_mortality_A4-1.pdf

- Deutschland: http://www.bib-demografie.de/SharedDocs/Glossareintraege/DE/M/muettersterblichkeit.html

Weibliche Genitalverstümmelung

- http://www.who.int/mediacentre/factsheets/fs241/en/
- http://www.igfm.de/themen/menschenrechtsverletzungen-an-frauen/genital-verstuemmelung/
- Schnitte in Körper und Seele – Eine Umfrage zur Situation beschnittener Mädchen und Frauen in Deutschland: http://frauenrechte.de/online/images/downloads/fgm/UNICEF-Studie.pdf
- Waris Dirie, Schmerzenskinder. München: Ullstein, 2006[2]
- Nawal El Saadawi, Fundamentalismus gegen Frauen. München: Diederichs, 2002

Frauenhandel

- Combating Trafficking as Modern-Day Slavery. 2010 Annual Report of the Special Representative and Co-ordinator for Combating Trafficking in Human Beings. Wien: OSCE, 2010, http://www.osce.org/cthb/74730
- US Department of State: Trafficking in Persons Report 2010. Washington, 2010, http://www.state.gov/g/tip/rls/tiprpt/2010/ (Berichte zu allen Ländern)
- Koordinierungskreis gegen Frauenhandel und Gewalt gegen Frauen im Migrationsprozess (KOK) (Hg.). Frauenhandel in Deutschland. Berlin: Bundesministerium für Familie, Senioren, Frauen und Jugend, 2009[2]
- Lea Ackerman, Inge Bell, Barbara Koelges, Verkauft, versklavt, zum Sex gezwungen. München: Kösel, 2005
- Bundesministerium für Familie, Senioren, Frauen und Jugend (Hg.), Zwangsverheiratung in Deutschland. Baden-Baden: Nomos, 2007
- Thomas Schirrmacher, Menschenhandel. Holzgerlingen: SCM Hänssler, 2012[2]

Pornografie

- Thomas Schirrmacher, Internetpornografie. Holzgerlingen: SCM Hänssler, 2008
- Diana E. H. Russell, »Femicidal Pornography«. S. 50–60 in: Diana E. H. Russell, Roberta A. Ahrmes (Hg.), Femicide in Global Perspective. Teachers College Press: New York, 2001

Ehrenmorde

- Dietrich Oberwittler, Julia Kasselt, Ehrenmorde in Deutschland 1996 – 2005. Bundeskriminalamt. Luchterhand: Köln, 2011
- Christine Schirrmacher, Mord im Namen der »Ehre« zwischen Migration und Tradition. Rechtspolitisches Forum – Legal Policy Forum 37. Trier: Institut für Rechtspolitik an der Universität Trier, 2007
- Christine Schirrmacher, »Ehrenmord und Emanzipation: Geschlechterrollen in Migrantenkulturen vor dem Hintergrund nahöstlicher Begriffe von ›Ehre‹ und ›Schande‹«. S. 11–30 in: Bernhard Heininger. Ehrenmord und Emanzipation: Die Geschlechterfrage in Ritualen von Parallelgesellschaften. Geschlecht – Symbol – Religion 6. Berlin: Lit Verlag, 2009
- Terre des Femmes, Tatmotiv Ehre. Tübingen: Terre des Femmes, 2004
- http://www.welt.de/regionales/stuttgart/article13787938/Psychologe-erwartet-mehr-Ehrenmorde-in-Deutschland.html

Steinigung

- http://www.igfm.de/themen/steinigung/ueberblick/
- Safiya Hussaini, Raffaele Masto, Theda Krohm-Linke, Ich, Safiya. Verurteilt zum Tod durch Steinigung. München: Blanvalet, 2. Auflage 2006
- Freidoune Sahebjam, Die gesteinigte Frau – Die Geschichte der Soraya Manoutchehri. Reinbek bei Hamburg: Rowohlt, 1992

HIV/Aids

- http://www.unifem.org/gender_issues/hiv_aids/index.html
- http://www.genderandaids.org/
- Kurt Bangert, Thomas Schirrmacher (Hg.), HIV und AIDS als christliche Herausforderung. 2 Bände. Bonn: VKW, 2008

Bildungsarmut; Armut

- http://en.wikipedia.org/wiki/Sex_differences_in_education
- http://www.unifem.org/gender_issues/women_poverty_economics/index.html
- UNESCO, World Atlas of Gender Equality in Education. http://www.unesco.org/new/en/education/themes/leading-the-international-agenda/gender-and-education/resources/the-world-atlas-of-gender-equality-in-education/

- UNESCO-Weltbildungsbericht: Bewaffneter Konflikt und Bildung. Bundeszentrale für Politische Bildung, Februar 2011, Kurzfassung: http://www.unesco.de/fileadmin/medien/Dokumente/Bildung/efareport2011dt.pdf
- Wiltrud Gieseke (Hg.), Handbuch zur Frauenbildung. Opladen: Leske + Budrich, 2001
- Elke Kleinau, Claudia Opitz (Hg.), Geschichte der Mädchen und Frauenbildung, 2 Bände, Frankfurt am Main/New York: Campus, 1996

Islam und Scharia

- Christine Schirrmacher, Ursula Spuler-Stegemann, Frauen und die Scharia – Die Menschenrechte im Islam. München: Diedrichs, 2004; Bergisch-Gladbach: Bastei-Lübbe, 2006
- Christine Schirrmacher, Kleines Lexikon der islamischen Ehe und Familie. Holzgerlingen: SCM Hänssler, 2002
- P. Newton, M. Rafiqul Haqq, The Place of Women in Pure Islam. Pioneer Book Company: Caney, 1994[3]
- Wiebke Walther, Die Frau im Islam. Leipzig: Edition Leipzig, 1983

Anmerkungen

[1] Simone Utler, »Gewalt gegen Frauen: Diskriminieren, misshandeln, tabuisieren«: http://www.spiegel.de/panorama/justiz/gewalt-gegen-frauen-vergleich-der-situation-in-verschiedenen-laendern-a-876618.html *(Alle in den Anmerkungen aufgeführten Internet-Links wurden am 23. 09. 2013 auf ihre Aktualität überprüft.)*

[2] http://www.theblaze.com/stories/2013/05/13/horrifying-australian-woman-gang-raped-in-dubai-then-jailed-for-8-months-for-sex-outside-marriage/

[3] http://www.focus.de/politik/ausland/grausame-praxis-im-krieg-japanischer-politiker-bezeichnet-sexsklaverei-als-notwendig_aid_989398.html

[4] Florian Stark, »Sexsklavinnen als Motivation für Japans Soldaten«. Die Welt vom 15. 05. 2013. http://www.welt.de/geschichte/zweiter-weltkrieg/article116209078/Sexsklavinnen-als-Motivation-fuer-Japans-Soldaten.html

[5] S. die Karte bei Joni Seager, The Penguin Atlas of Women in the World: Fourth Edition. London: Penguin, 2008, S. 40–41.

[6] http://www.weforum.org/issues/global-gender-gap

[7] Findeisen, Großmann, Gewalt, S. 171

[8] P. Newton; M. Rafiqul Haqq. The Place of Women in Pure Islam. Pioneer Book Company: Caney, 1994[3]

[9] Die verschiedenen Auslegungsmöglichkeiten ändern nichts daran, dass es keinen entsprechenden Dank der Frau gibt, nicht als Mann geboren worden zu sein.

[10] Alle Zitate aus Thomas von Aquin, Summa Theologiae, Teil 1, Frage 92

[11] Ibn Kathir, zitiert nach Newton, Haqq, The Place of Women, S. 2

[12] Razi, zitiert nach Newton, Haqq, The Place of Women, S. 3

[13] So Hanna Barbara Gerl, »Frau und Mann in der Geistesgeschichte seit der Aufklärung«. Aus Politik und Zeitgeschichte (Beilage zu Das Parlament) Nr. B 14–15/91 vom 29. 03. 1991, S. 35–45, hier S. 38–39.

[14] Alle Zitate von Nietzsche zitiert nach ebd. S. 39.

[15] Karl Marx, Marx-Engels-Werke 34, S. 388

[16] Karl Marx, Marx-Engels-Werke 32, S. 344

[17] Friedrich Engels, Marx-Engels-Werke 37, S. 137

[18] Friedrich Engels, Marx-Engels-Werke 31, S. 17

[19] Utler, »Gewalt gegen Frauen«

[20] http://frauenrechte.de/online/index.php/aktuelles-zu-frauenrechten/1154-un-frauenrechtskommission-verabschiedet-erklaerung-gegen-gewalt-an-frauen.html

[21] In Anlehnung an die Beschreibungen unter http://www.unwomen.de/schwerpunkte/internationale-konventionen.html

[22] United Nations: The Beijing Declaration and the Platform for Action, Fourth World Conference on Women Beijing, China, 4.–15. September 1995, New York 1996

[23] http://www.un.org/Depts/german/uebereinkommen/ar48104.pdf

[24] http://frauenrechte.de/online/index.php/themen-und-aktionen/eine-welt/frauenrechte-weltweit

[25] http://www.demokratiezentrum.org/themen/genderperspektiven/lebensrealitaeten/gewalt-gegen-frauen.html

[26] Global and regional estimates of violence against women: prevalence and health effects of intimate partner violence and non-partner sexual violence. World Health Organization: Genf, 2013, http://www.who.int/reproductivehealth/publications/violence/9789241564625/en/index.html;
vgl. http://www.spiegel.de/panorama/gesellschaft/who-jede-dritte-frau-wird-opfer-koerperlicher-gewalt-a-906951.html

[27] Seager, Atlas of Women

[28] Utler, »Gewalt gegen Frauen«

[29] Nach Seager, Atlas of Women, S. 28–29

[30] Bundesministerium für Familie, Senioren, Frauen und Jugend. Gewalt gegen Frauen in Paarbeziehungen. 4. Aufl. 2012: http://www.bmfsfj.de/BMFSFJ/Service/Publikationen/publikationen,did=120792.html

[31] Nach Seager, Atlas of Women, S. 28–29

[32] Utler, »Gewalt gegen Frauen«

[33] Siehe z. B. Die Welt vom 20. 04. 2013, Feuilleton, S. 2

[34] Shannan M. Catalano, Intimate Partner Violence, 1993–2010, Bureau of Justice Statistics, 27. 11. 2012, http://www.bjs.gov/index.cfm?ty=pbdetail&iid=4536

[35] http://de.wikipedia.org/wiki/Häusliche_Gewalt (13. 05. 2013), nach Überprüfung der Quellen.

[36] Zur Lage in Deutschland und Schweiz vgl. die in Ockrent, Schwarzbuch, S. 334–341 dargestellten Untersuchungen.

[37] http://www.frauenrechte.de/online/index.php/themen-und-aktionen/haeusliche-und-sexualisierte-gewalt

[38] S. die Karte in Seager, Atlas of Women, S. 58–59

[39] Lawrence A. Greenfeld, Sex offenses and offenders: An analysis of data on rape and sexual assault. Bureau of Justice Statistics, Washington, DC, 1997, http://bjs.ojp.usdoj.gov/content/pub/pdf/SOO.PDF

[40] Howard N. Snyder, Sexual assault of young children as reported to law enforcement: Victim, incident, and offender characteristics. U.S. Department of Justice, Washington, DC, 2000, http://bjs.ojp.usdoj.gov/content/pub/pdf/saycrle.pdf

[41] Lebenssituation, Sicherheit und Gesundheit von Frauen in Deutschland. Repräsentative Studie im Auftrag des Bundesfamilienministeriums 2004, S. 79, http://www.bmfsfj.de/Redaktion BMFSFJ/Abteilung4/Pdf-Anlagen/langfassung-studie-frauen-teil-eins,property=pdf,bereich=bmfsfj,sprache=de,rwb=true.pdf

[42] Claudia Bröll, Aufschrei in Südafrika, FAZ 8. März 2013; Sexuelle Gewalt in Südafrika. Mädchen aus Kapstadt stirbt nach Vergewaltigung, Süddeutsche Zeitung 10. Februar 2013

[43] Utler, »Gewalt gegen Frauen«

[44] Berlin: Aufbau-Verlag, 2013

[45] Schneider, »Vergewaltigung«, S. 821–822: »Gruppenvergewaltigung«

[46] Details bei http://de.wikipedia.org/wiki/Gruppenvergewaltigung_in_Delhi_2012

[47] Ockrent, Schwarzbuch. S. 378–386 und die S. 601–602 genannte Literatur

[48] Siehe die Auflistung von Fällen 1991–2009 bei Cacho: Sklaverei. Im Inneren des Milliardengeschäfts Menschenhandel, 2011, S. 209–210 und die aktuelle Liste unter http://www.unifem.org/gender_issues/women_war_peace/facts_figures.html#2

[49] http://www.helpline-sh.de/Kriegsvergewaltigung.html

[50] http://www.helpline-sh.de/Kriegsvergewaltigung.html

[51] Siehe den Film von Susanne Babila: Im Schatten des Bösen. Der Krieg gegen die Frauen im Kongo. Fernseh-Dokumentation des SWR, in Zusammenarbeit mit Arte, 2007

52 »Sudan, Darfur: Rape as a weapon of war, Sexual violence and its consequences«, http://www.amnesty.org/en/library/info/AFR54/076/2004

53 S. Brownmiller, Gegen unseren Willen, S. 115–137

54 Brownmiller, Gegen unseren Willen, S. 116–120

55 Findeisen, Großmann, Gewalt, S. 47

56 UN Special Rapporteur to the Commission on Human Rights, Report on the situation of human rights in Rwanda, under paragraph 20 of resolution S-3/1 of 25 May 1994, http://www.refworld.org/cgi-bin/texis/vtx/rwmain?page=publisher&publisher=UNCHR&type=&coi=RWA&docid=3ae6b1060&skip=0

57 Rita Schäfer, Kriegerische Männlichkeit. Aus Politik und Zeitgeschichte (APuZ 46/2009), Bundeszentrale für Politische Bildung. http://www.bpb.de/apuz/31630/kriegerische-maennlichkeit?p=all

58 Quellen s. ebd. Fußnote 15.

59 Utler, »Gewalt gegen Frauen«

60 »Vergewaltigungsopfer sind vor allem Kinder«. Focus Online 10.04.2013, http://www.focus.de/politik/ausland/kriegsgraeuel-kinder-als-opfer-sexueller-gewalt_aid_957312.html

61 Stéphanie Le Bars in »Le Monde«, übersetzt in Ockrent, Schwarzbuch, S. 72–77

62 Nach Schneider, »Vergewaltigung«. S. 823, 834

63 http://www.dradio.de/dkultur/sendungen/ortszeitaktuell/2107041/

64 rüb. »Obama: Sexuelle Übergriffe gefährden nationale Sicherheit«. FAZ vom 18.05.2013. S. 7

65 Am ausführlichsten belegt bei Drinck/Gross (Hg.), *Erzwungene Prostitution in Kriegs- und Friedenszeiten*, 2006.

66 Vgl. Schirrmacher, Menschenhandel, Holzgerlingen: SCM Hänssler, 2012[2].

67 http://www.ngo-online.de/lexikon/a-z/un-friedenstruppen-blauhelme

68 http://www.helpline-sh.de/Kriegsvergewaltigung.html

69 Florian Klenk, »Nackte Gewalt«, in *Die Zeit*, 28.09.2006, http://zeus.zeit.de/text/2006/40/Prostitution

70 Wole Soyinka, »Kulturelle Ansprüche und globale Rechte«, in: *Versprochen – Verletzt – Gefordert: 50 Jahre Allgemeine Erklärung*

der Menschenrechte. Forum Menschenrechte Materialien, Bd. 12. Bonn: Forum Menschenrechte, 1998, S. 45–58, hier S. 45–46.

71 Vgl. dazu Thomas Schirrmacher, Internetpornografie. Holzgerlingen: SCM Hänssler, 2008

72 Z. B. Diana E. H. Russell, »Femicidal Pornography«. S. 50–60 in: Diana E. H. Russell, Roberta A. Ahrmes (Hg.), Femicide in Global Perspective. Teachers College Press: New York, 2001

73 http://www.sat1.de/tv/eins-gegen-eins/episoden/thema-porno-als-massenphaenomen-macht-das-unsere-gesellschaft-kaputt; vgl. dazu http://www.thomasschirrmacher.info/archives/2097

74 Herbert Selg, Pornographie: Psychologische Beiträge zur Wirkungsforschung. Bern: Verlag Hans Huber, 1986. S. 76–77.

75 Aufgelistet und diskutiert in Schirrmacher, Internetpornografie.

76 Diana E. H. Russell, »Pornography and Rape: A Causal Model«. S. 310–349 in: Catherine Itzin (Hg.), Pornography: Women, Violence and Civil Liberties. Oxford: Oxford Univ. Press, 1993[2]. S. 313.

77 Untersuchungen dazu werden aufgelistet in Schirrmacher, Internetpornografie.

78 Martha R. Burt, »Cultural Myths and Supports for Rape«. Journal of Personality and Social Psychology 38 (1980): 217–230. Zur Akzeptanzskala des Vergewaltigungsmythos nach Burt vgl. Anna C. Salter, Treating Child Sex Offenders and Victims: A Practical Guide. Newbury Park (CA): Sage Publ., 1988. S. 283.

79 So Richard E. McLawhorn, Summary of the Final Report of the Attorney General's Commission on Pornography July 1986. Cincinnati (OH): National Coalition against Pornography, 1986. S. 8

80 Herbert Selg, Pornographie. S. 93, 94.

81 http://www.frauenrechte.de/online/index.php/themen-und-aktionen/frauenfeindliche-werbung. Vgl. die ausgezeichnete »Checkliste frauenfeindlicher Werbung« mit überzeugenden Beispielen aus der Werbung unter http://frauenrechte.de/online/index.php/themen/252-sexistische-werbung/1133-checkliste-kennzeichen-frauenfeindlicher-werbung.html

82 http://www.frauenrechte.de/online/index.php/themen-und-aktionen/weibliche-genitalverstuemmelung2

83 Die beste Übersicht bietet die Karte in Seager, Atlas of Women, S. 54–55

[84] Vgl. http://de.qantara.de/Missbrauchter-Glaube/20858c23131i1p8/index.html

[85] http://www.nzz.ch/aktuell/startseite/article9OPFM-1270690

[86] http://www.igfm.de/themen/menschenrechtsverletzungen-an-frauen/libanon-maids/

[87] Thomas Schirrmacher, Menschenhandel. Die Rückkehr der Sklaverei. Holzgerlingen: SCM Hänssler, 2. Aufl. 2010

[88] Ackerman/Bell/Koelges, *Verkauft, versklavt, zum Sex gezwungen*, München: Kösel, 2005, S. 73

[89] Judith Kubitscheck, »Flatrate-Bordell-Zuhälter müssen vor Gericht«, in: *Die Welt*, 07.03.2011, http://www.welt.de/vermischtes/weltgeschehen/article12724908/Flatrate-Bordell-Zuhaelter-muessen-vor-Gericht.html

[90] So Silvia Tellenbach, Ehen wider Willen. Anmerkungen zur Zwangsverheiratung in Deutschland. In: Arkan, Sabih; Öztan, Fırat. Prof. Dr. Fırat Öztan'a armağan. II. Cilt. Turhan Kitabevi: Ankara, 2010, S. 2037–2052, hier S. 2038

[91] Bis dahin definierte § 240 Abs. 4,1 Zwangsehe als »besonders schweren Fall« von Nötigung.

[92] Zwangsverheiratung in Deutschland. Bundesministerium für Familie, Senioren, Frauen und Jugend. Baden-Baden: Nomos, 2011

[93] Ebd.

[94] Zahlen und Karte in Seager, Atlas of Women, S. 24

[95] UN women. Progress of the World's Women 2011–2012: In Pursuit of Justice. 2011. S. 29

[96] http://de.wikipedia.org/wiki/Nojoud_Ali

[97] http://de.wikipedia.org/wiki/Kinderheirat, anhand der Quellen überprüft.

[98] Dietrich Oberwittler, Julia Kasselt, Ehrenmorde in Deutschland 1996 - 2005. Bundeskriminalamt. Luchterhand: Köln, 2011

[99] http://www.unric.org/de/frauen-pressemitteilungen/4861

[100] Ockrent, Schwarzbuch, S. 104–116

[101] http://www.pewglobal.org/2010/12/02/muslims-around-the-world-divided-on-hamas-and-hezbollah/

[102] http://www.menschenrechtsverein.org/index.php/cat/18/title/Stoppt%20die%20Steinigungen

[103] Beispielstudien unter http://www.gendercide.org/case.html

[104] Ausführlich untersucht in dem Sammelband: Alicia Gaspar de Alba u. a. (Hg.), Making a Killing: Femicide, Free Trade, and La

Frontera. University of Texas Press: Austin (TX), 2010; dt. Zusammenfassung bei Ockrent, Schwarzbuch, 117–131. Siehe auch http://www.feministezine.com/feminist/international/Gender-Violence-in-Mexico.html

105 Zur vorgeburtlichen Diagnose vgl. Ute Buth, Thomas Schirrmacher, Schwangerschaftsabbruch. Fakten und Entscheidungshilfen. Holzgerlingen: SCM Hänssler, 2013

106 Sophie Mühlmann, »Das Schicksal von Indiens verlorenen Töchtern«. Die Welt vom 06. 05. 2012, http://www.welt.de/vermischtes/article106264933/Das-Schicksal-von-Indiens-verlorenen-Toechtern.html

107 http://www.spiegel.de/panorama/gesellschaft/abtreibungsfolgen-in-asien-der-groesste-maennerclub-der-welt-a-772246.html

108 http://www.welt.de/politik/article3582329/In-China-werden-Jungen-entfuehrt-und-verkauft.html

109 http://www.augsburger-allgemeine.de/politik/Abtreibungen-alarmieren-Europa-id23373341.html

110 http://www.dggg.de/publikationen/stellungnahmen/?eID=dam_frontend_push&docID=1522

111 http://www.igfm.de/themen/menschenrechtsverletzungen-an-frauen/ein-kind-politik/

112 http://www.bib-demografie.de/SharedDocs/Glossareintraege/DE/M/muettersterblichkeit.html

113 http://menschliche-entwicklung-staerken.dgvn.de/meldung/muettersterblichkeit-fast-halbiert/

114 Ebd.

115 http://www.unifem.org/gender_issues/hiv_aids/index.html; http://www.genderandaids.org/

116 Dunkle, Kristin L. et al. 2004. »Genderbased violence, relationship power, and risk of HIV infection in women attending antenatal clinics in South Africa.« The Lancet. 363(9419): 1415

117 Seager, Atlas of Women, S. 78–79

118 Seager, Atlas of Women, S. 80–83

119 S. Seager, Atlas of Women, S. 86–91

120 UNICEF, »Women and Children: The Double Dividend of Gender Equality«, 2007

121 UNDP, »Water and Human Development Report«, 2006

[122] UNIFEM, »Progress of Arab Women; Jordanian News Digest«, 26. Feb. 2007

[123] Kurt Bangert, *Kinderarmut*. Holzgerlingen 2010; Andreas Kusch, Thomas Schirrmacher (Hg.), *Der Kampf gegen die weltweite Armut*. Bonn 2009; Bangert, Schirrmacher (Hg.), *HIV und AIDS als christliche Herausforderung*. Bonn 2008

[124] http://netzwerkgm.de/pages/was-kann-ich-tun/armut-bekaempfen.php

[125] S. die Karte in Seager, Atlas of Women, 94–95

[126] Andrea Dworkin, Pornographie. Frankfurt: Fischer, 1997. S. 93–94.

[127] New York Times vom 15. 09. 2002

[128] »Vereinte Nationen: ›Menschenhandel nimmt zu‹«, *Newsletter Migration und Bevölkerung* 3/2009.

[129] Ebd.

[130] Merle Schmalenbach, »Frauen mischen im Menschenhandel mit«. *Spiegel online*, 13. 02. 2009, http://www.spiegel.de/politik/ausland/0,1518,607364,00.html

[131] Gewalt gegen Männer: Personale Gewaltwiderfahrnisse von Männern in Deutschland. Bundesministerium für Familie, Senioren, Frauen und Jugend: Berlin, 2005, http://www.bmfsfj.de/BMFSFJ/Service/Publikationen/publikationen,did=20558.html

[132] http://www.welt.de/print/die_welt/politik/article10884320/Neue-Studie-Maenner-haeufiger-Opfer-von-Gewalt-als-Frauen.html. Siehe aber aufgrund der Zahlen dieser Studie jetzt: Peter Döge, Männer – die ewigen Gewalttäter? Wiesbaden: Verlag für Sozialwissenschaften, 2. Aufl. 2013.

[133] S. Seager, Atlas of Women, S. 30–31

[134] Ausgewogen wird die Diskussion dargestellt in Thomas Gesterkamp, »Für Männer, aber nicht für Frauen«. Aus Politik und Zeitgeschichte (Themenheft »Mannsbilder«) 62 (2012), 40: 3–10

[135] S. Holger Walther, »Häusliche Gewalt in gleichgeschlechtlichen Partnerschaften«. 2012, http://www.vlsp.de/wissenschaft/partnerschaft/gewalt, Download rechts

[136] Siehe Thomas Schirrmacher, Der Segen von Ehe und Familie, Bonn: VKW, 2006; Schirrmacher, Moderne Väter.

[137] Vgl. Thomas Schirrmacher, Moderne Väter. Weder Waschlappen noch Despot. Holzgerlingen: SCM Hänssler, 2007

[138] http://www.gewaltgegenfrauen.de/beratung-und-hilfe/

Thomas Schirrmacher

Menschenhandel

Die Rückkehr der Sklaverei

Taschenbuch, 12 x 19 cm, 112 Seiten
Nr. 395.335,
ISBN 978-3-7751-5335-5

Menschenhandel bringt Umsatz. In der internationalen Kriminalität kommt ihm nahezu gleich viel Bedeutung zu wie dem Drogenhandel. Schirrmacher macht deutlich, dass moderne Sklaverei nicht nur in Asien oder Afrika ein Thema ist, sondern bis nach Deutschland reicht.

Thomas Schirrmacher

Menschenrechte

Anspruch und Wirklichkeit

Taschenbuch, 12 x 19 cm, 128 Seiten
Nr. 395.379,
ISBN 978-3-7751-5379-9

Als die UN-Menschenrechtscharta 1948 verkündet wurde, war das ein großer Schritt. Doch ist der Weg von einer guten Erklärung bis zu Taten oft lang. Prof. Schirrmacher gibt einen Überblick über Hintergründe und die aktuelle Lage weltweit.

Bitte fragen Sie in Ihrer Buchhandlung nach diesen Büchern!
Oder schreiben Sie an: SCM Hänssler, D-71087 Holzgerlingen;
E-Mail: info@scm-haenssler.de; Internet: www.scm-haenssler.de